パッションに関する臨床心理学的研究

久 保 尊 洋 著

風 間 書 房

目　　次

第 1 部　パッションに関する理論的検討

第 1 章　パッションの概念的検討…………………………………………… 3
　第 1 節　パッションとは ………………………………………………… 4
　第 2 節　パッションの二元モデル ……………………………………… 7
　第 3 節　類似概念との比較 ……………………………………………… 13
　第 4 節　パッションの二元モデルに関する実証的な研究 ………… 16
　第 5 節　パッションの二元モデルに関する研究の意義 …………… 25

第 2 章　本研究の目的 ……………………………………………………… 29
　第 1 節　本研究の目的 …………………………………………………… 29

第 2 部　パッションの二元モデルに関する実証的検討

第 3 章　パッションを測定する尺度の開発 ………………………………… 35
　第 1 節　【研究 1】　パッション尺度日本語版の作成と信頼性・妥当性
　　　　　の検討 ………………………………………………………… 35

第 4 章　パッションが心理的適応と不適応に与える影響 ………… 52
　第 1 節　【研究 2】　パッションがスマートフォン依存，精神的健康，
　　　　　不眠傾向に与える影響 ……………………………………… 52
　第 2 節　【研究 3】　交差遅延モデルによるパッションと心理的適応の

　　　　　因果関係の検討 …………………………………………………… 61

第 5 章　パッションが認知に与える影響 ………………………… 71
　第 1 節　【研究 4】　パッションが COVID-19 の恐怖と精神的苦痛に及
　　　　　ぼす影響 ……………………………………………………………… 71
　第 2 節　【研究 5】　パッションが自動思考を介して抑うつと人生満足
　　　　　度に与える影響 ……………………………………………………… 78

第 6 章　パッションに対する心理的援助を行うための検討 ……… 87
　第 1 節　【研究 6】　欲求充足・欲求不満がパッションの促進および抑
　　　　　制に与える影響 ……………………………………………………… 87

第 3 部　総合的考察

第 7 章　総合的考察 …………………………………………………… 99
　第 1 節　まとめ ………………………………………………………………… 99
　第 2 節　本研究の考察 ……………………………………………………… 102
　第 3 節　本研究の限界と今後の展開 ……………………………………… 106

引用文献 ……………………………………………………………………… 111
本研究を構成する研究の発表状況 ……………………………………… 125
資　　料 ……………………………………………………………………… 127
謝　　辞 ……………………………………………………………………… 133

第 1 部　パッションに関する理論的検討

第 1 章　パッションの概念的検討

　心理学において，パッションに関する研究は主に恋愛の領域で行われ，そこから多様な活動に対するものとして広がっていった（Vallerand, 2015）。恋愛に限局したアプローチがとられていたのは，パッションという概念が複合的な意味を持つことによって適切な定義が定められず，様々な活動に対するパッションの心理的現象をとらえることができなかったためである。このような状況の中で，Vallerand et al.（2003）は，パッションの二元モデルを提唱し，恋愛に限らず様々な活動に対して適用可能なパッションの定義を定めた。それが起点となり，活動に対するパッションの重要性が多くの研究で指摘され，パッションの研究の興隆は，欧米からアジアなどの各国に広まっていった。

　パッションは，幸福感を高め，日々の生活に意味をもたらすものである。しかし，時にパッションは否定的な感情を喚起し，柔軟性のない執着につながり，バランスの取れた成功した人生を達成することを妨げることがある。このパッションの 2 側面（Vallerand, 2015）が我々に引き起こす心理的影響を解明することは，人生をより豊かにするためのポジティブ心理学（Vallerand, 2015）と活動に伴う依存などの行動の問題を扱う臨床心理学の視点からも，重要なことである。また，パッションの 2 側面がどのような要因によって引き起こされるのか明らかにすることで，パッションの応用にもつながる。しかしながら，我が国におけるパッションの研究は，ほとんど行われてこなかった。それは，海外の心理学において近年までパッションが広く注目されてこなかった原因と同様に，パッションという概念が我が国でも明確に捉えられておらず，ほかの概念と差別化されていないことが理由の 1 つになっているのではないかと考えられる。加えて，複合的な意味を持つパッションにつ

いて，我が国で研究していくためには，パッションと，その訳語である情熱との差異も示していかねばならない。本研究では，Vallerand et al.（2003）のパッションの定義とその理論に基づいた研究を行っていくが，まずはパッションの概念について十分に整理し，そのうえでパッションについて先行研究の結果も踏まえつつ，検討していく必要があるだろう。

　そこで第1章では，パッションの概念的検討を行う。第1節では，これまでパッションをどのようにとらえてきたか，どのように定義してきたかについて，辞書的，哲学的，歴史言語的，心理学的な視点から概観していく。第2節は，その中で取り扱うパッションの二元モデル（Vallerand et al., 2003; Vallerand, 2015）について，詳細な点を紹介し，第3節は同モデルのパッションの定義と類似概念にどのような違いがあるか差異を示すことで，その独自性を示していく。第4節では，パッションの二元モデルの実証的な研究を紹介し，その問題点についても触れ，第5節では，本研究で行う研究の意義について述べていく。

第1節　パッションとは

　一般的な辞書によると，パッションは「①情熱。激情。②キリストの受難。また，それを主題にした受難曲」（松村, 2006）と定義される。さらに，①情熱について調べてみると，「激しく高まった気持ち。熱情」（松村, 2006）と定義されていることから，パッションは，感情の1つとして分類されているようだ。しかし，American Psychological Association（APA）の辞書（VandenBos, 2007　繁桝・四本訳 2013）によれば，情熱（passion）は「ある活動や物，観念などに没頭することへの強い好みや願望」と定義されており，心理学の中では感情という言葉は使われていない。心理学においてパッションは，好みや願望といった動機づけに関わる要素を内包していることが分かる。つまり，我が国におけるパッションは感情として認知されている一方で，心理

学の中では動機づけとしての要素をもっている。

　哲学的な視点では，パッションを肯定的で活動的なもの，あるいは，理由や統制を失ったものという2つの相反するとらえ方が存在する (Vallrand et al., 2003)。René Descartes (1596-1650) は，パッションを，行動の理由となり肯定的であるような行動を促す強い感情である，と定義している。また，Hegel (1770-1831) はパッションが高い目標を達成するために必要なものであると述べている。一方，Spinoza (1632-1677) は，思考の形態には，理由から生じる思考と，パッションから生じる思考があるとし，パッションは，その語源 (passion の語源はラテン語で苦しみを意味する *passio*) と一致するように，ある種の苦しみを感じさせるものだと考えた。この考え方によると，人はパッションが生じることで，それの奴隷のように受動的になってしまうという。このように哲学的な視点では，感情と行動を引き起こす動機づけの要素を伴っていると同時に，適応と不適応という2側面の概念としてとらえられている。

　感情と動機づけの要素が存在することについて，今度は歴史言語的な視点からパッションという言葉を考察する。感情を意味する言葉には emotion や feeling などが存在するが，歴史を俯瞰してみると，これらの感情の言葉よりも passion が感情を示す言葉として使われていた。宇津木 (2015) によれば，感情心理学の主要な著書で，passion を含む感情語を示す言葉の出現頻度について出現回数をカウントしたところ，19世紀までは passion が感情を示す言葉として多用されていたが，19世紀になると感情を示す言葉として，パッションが使われなくなり，emotion や feeling が使われるようになったことを指摘している。パッションは時代とともに，純粋な感情を示す emotion や feeling と区別され，異なる意味が強調されるようになった。それが，感情ではなく動機づけとしてのパッションの意味なのではないかと考えられる。

　こうした背景も踏まえて，本研究では，Vallerand (2015) に倣い，パッシ

ョンを感情ではなく，動機づけとして検討していく。我が国における情熱の定義は，感情の1側面として用いられる場合が多いと考えられ，パッションを情熱として訳して使用してしまうと，この後に説明するパッションの動機づけとしての意味が曖昧になってしまう，もしくは，感情の1つとしての認識があり差別化できていなく，誤解を与えてしまう恐れがある。そのため，本研究では，passion のことを邦訳せずにパッションと呼ぶことにする。

　ここまで，パッションを動機づけの文脈で検討していく旨を述べたが，無論，パッションは感情と全く関連のないものではない。心理学においてパッションが研究されてきたのは，もっぱら愛情（love）の分野であった。情熱的な愛情（passionate love）の定義について APA の辞書（VandenBos, 2007 繁桝・四本訳 2013）は，「感情喚起が高いことが特徴の愛情の一種」と定義している。パッションは感情を喚起するものであり，そういう点でほかの感情の言葉とは区別されると考えられる。動機づけとしてのパッションによって，ほかの感情が生じるということである。また，Frijda, Mesquita, Sonnemans, & Van Goozen（1991）はパッションは感情的に重要な結果を伴う優先度の高い目標として定義されるとしている。パッションが目標であるならば，パッションはその目標に向かって動機づけを引き起こす部分を内包していると考えられる。つまり，Frijda et al.（1991）でも，パッションは感情との関連があるものの，感情ではなく，パッションを動機づけとしてとらえているのである。同じように Hall（2002）はパッションを，深く価値づけられ良いものに向けて行動を引き起こすと想定された欲求としており，ここでも，行動を引き起こすパッションの動機づけとしての側面が強調されている。

　これを受けて，Vallerand et al.（2003）は，活動に対するパッションに着目し，動機づけとしてのパッションの定義を行った。そのうえで，Vallerand et al.（2003）はパッションの哲学的な背景を踏まえて，パッションには心理的適応と不適応を分かつ2側面があることを想定した。それが，パッションの二元モデル（Vallerand et al., 2003; Vallerand, 2015）である。本研究で

はこの二元モデルに基づき検討を行う。この二元モデルによって，パッションが心理的適応と不適応を分かつ重要な要因であることが説明されている。第2節では，このパッションの二元モデルについて詳細に説明していく。

第2節　パッションの二元モデル

　人は，個人として成長するために生涯を通じてさまざまな活動に従事し，その中でパッションを向ける活動を探していく。思春期初期に始まると想定されるモラトリアムの中での様々な試行錯誤の後（Erikson, 1968），ほとんどの人は最終的にいくつかの活動，特に楽しくて重要であると認識し，自分の価値観に一致するような活動への好みを示し始める。こうした活動がパッションを向ける活動になると考えられる。

　パッションは，特定の活動等に対して向けられる強い意向（strong inclination）と定義され（Vallerand et al., 2003），特定の好きな活動を選択し，それに価値を見出し，多くの時間やエネルギーを費やした結果，その活動にアイデンティティを見出すことで生じるとされる（Vallerand, 2015）。アイデンティティとは，自己認知のまとまりのことであり，その人がその人もしくはその人自身をどのように認知するかということである（Vallerand, 2015）。このアイデンティティを見出すための重要な過程が，内在化である。内在化とは，個人の外側にある価値または調整を自己に統合する過程である（Ryan & Deci, 2000）。例えば，子どもが最初は親の勧めや友人との付き合いのためにスポーツを始めたが，次第に自分自身の興味や楽しみとして続けるようになると，これは内在化が行われているということである。個人の価値観は役割アイデンティティの形成に影響を与えることから（Hitlin, 2003），こうした活動に対する内在化が行われると，やがて，その活動がアイデンティティの一部分となり，パッションが生じるのである（Vallernad et al., 2013）。この内在化の程度によってパッションには2側面が生じることを提唱しているのが，

パッションの二元モデル (Vallerand et al., 2003; Vallerand, 2015) である。同モデルでは，パッションには調和性パッション (harmonious passion) と強迫性パッション (obsessive passion) が存在することを想定している。

調和性パッションは，内在化が十分にされる自律的な内在化 (Sheldon, 2002; Ryan & Deci, 2000) によって生じる。自律的な内在化により，特定の活動への欲求を統制することができ，その活動への持続的な取り組みを可能にする。また，特定の活動への欲求を統制することができるわけであるから，ほかの活動や生活の一部とも調和する。さらに，フローや集中などの適応的な認知やポジティブ感情を生じさせ，心理的適応を促す。一方，強迫性パッションは，内在化が十分ではない他律的な内在化 (Sheldon, 2002; Ryan & Deci, 2000) によって生じるものである。他律的な内在化により，特定の活動への欲求を統制することができず，その活動への頑固な執着を生じさせる。また，特定の活動への欲求を統制できないわけであるから，ほかの活動や生活の一部との葛藤を引き起こす。さらに，反すうなどの不適応的な認知やネガティブ感情を生じさせ，心理的不適応を促す。

(1) パッションがもたらす心理的適応と不適応

心理的適応と不適応を分かつ機能をもつパッションだが，心理的適応と不適応をどのようにとらえていくかによって，パッションによってもたらされる恩恵と問題がより具体化されると考えられる。心理的適応と不適応のとらえ方の1つに，well-being と ill-being の連続体の枠組みがある。Vallerand (2015) は well-being の状態について，ill-being がない状態を超えた，自己成長を導く状態であることを示している。ill-being と，ill-being がない状態と well-being は連続体を示しており，Vallerand (2015) は well-being の状態に導いていくためにパッションが必要であることを強調している。

well-being と ill-being の一次元でとらえていく枠組みに加えて，well-being には2つの要素がある。Ryan & Deci (2001) は，well-being とは最適な

心理的機能や経験を表すとし，ヘドニックな well-being（hedonic well-being）とユーダイモニックな well-being（eudaimonic well-being）に大別した。ヘドニックな well-being は，快楽主義とも表現され，ポジティブ感情や喜びを感じ苦痛や不快感がない状態を表す。ヘドニックな well-being に基づく well-being の概念に，主観的 well-being がある（Diener, Suh, Lucas & Smith, 1999）。一方，ユーダイモニックな well-being とは，人の潜在能力が十分に機能している状態のことを表し，幸福主義とも呼ばれる。これに基づく well-being の概念に心理的 well-being がある（Ryff, 1989）。パッションはヘドニックな well-being とユーダイモニックな well-being に影響を与えるが，調和性パッションと強迫性パッションの違いによってその影響の方向性は全く異なる。調和性パッションは，well-being を促進し，ill-being を抑制するが，強迫性パッションの場合には，well-being を抑制し，ill-being を促進することが指摘されている（Vallrand, 2012; Bélanger, Pierro, Kruglanski, Vallerand, De Carlo, & Falco, 2015）。

強迫性パッションによって促進される ill-being の状態の典型が，パッションを向けた活動がやめられず，やめられないことに伴うさまざまな問題を引き起こしてしまう依存の状態である。Philippe, Vallerand, & Lavigne（2009）によれば，依存者は自分が依存してしまった活動をもう楽しい活動だとは感じないが，強迫性パッションを持つ者は活動を愛し価値を見出している側面も有していることから，強迫性パッションと依存との間の重要な違いがある，と述べている。しかし，強迫性パッションと依存には共通点が多く，先行研究においても強迫性パッションが依存を促進する可能性も指摘されている（Wang & Chu, 2007）。依存性は，伝統的に望ましくない特性であり，不適応につながりやすいとされてきたことからも（Bornstein, 1992），パッションが心理的適応と不適応に与える影響を検討する際には，パッションが依存の問題に与える影響も考慮に入れる必要があろう。なお，本研究では，調和性パッションによってもたらされる well-being の状態を心理的適応の状

態とし，強迫性パッションによってもたらされる ill-being の状態を心理的不適応の状態として考えていく。

（2）パッションが心理的適応と不適応に影響を与える過程

　調和性パッションと強迫性パッションが心理的適応と不適応に影響を及ぼす際に重要であるのが，そのパッションを向けた活動に従事することによって促進される認知である。Vallerand（2010）は，調和性パッションは適応な認知を促進するが，強迫性パッションはそれを抑制もしくは促進をしないとしている。調和性パッションは自律的な内在化により，活動で生じた今その時の経験をそのまま受け入れる開放的な認知を生じさせる（Hodgins & Knee, 2002）。開放的な認知は，否定的な結果や well-being に対する潜在的な負の影響にとらわれることなく，活動で生じる肯定的な出来事から肯定的な影響を引き出すことを可能にする（Vallerand, 2012）。一方，強迫性パッションは他律的な内在化により，脅威となる情報を回避し否定する防衛的な認知を促すことで，成果や他者などの外部要素にとらわれ（Hodgins & Knee, 2002），不適応的な認知を生み出すとされている（Vallerand, 2012）。

　パッションを向けた活動は，一般に長年にわたって毎週数時間行われるため，活動に従事することに伴う認知プロセスは繰り返され，長期にわたって持続し，それによって心理的適応に影響を及ぼすと考えられる。調和性パッションでは，適応的な認知プロセスが促進され，心理的適応を促すが，一方，強迫性パッションでは，逆に，不適応的な認知が促進されるために，心理的適応が妨げられると考えられる。パッションを向けた活動でどのような認知が生じ影響を及ぼすのか，先行研究を交え第4節で触れていく。

（3）パッションを促進・抑制する要因

　調和性パッションを高め，強迫性パッションを低めるためには，基本的心理欲求の充足と不満に着目する必要がある。基本的心理欲求とは，自己決定

理論（Ryan & Deci, 2000）における，心理的適応に必要不可欠な自律性，有能さ，関係性の3つの心理的欲求のことである。3つの基本的心理欲求にはそれぞれ充足（以下，欲求充足とする）と不満（以下，欲求不満とする）が存在する。欲求不満は社会的文脈の中で個人が基本的心理欲求を充足することを妨げられたときに経験するものである（Vansteenkiste & Ryan, 2013）。欲求充足と欲求不満は同じ連続体の両端にあることを支持する研究もあるが（Brenning, Soenens, Mabbe, & Vansteenkiste, 2019），欲求不満は欲求充足とは異なる次元のものであることが示唆されている（Bartholomew, Ntoumanis, Ryan, Bosch, & Thøgersen-Ntoumani, 2011; Nishimura & Suzuki, 2016）。例えば，Bartholomew et al.（2011）は欲求充足の尺度得点が低いと，単に欲求充足が低いこと（dissatisfaction）が反映され，Deci & Ryan（2000）が，欲求が妨げているときに経験するとして説明した欲求不満の積極的な性質と強度が適切に表現されないことを指摘している。因子分析の結果からも3因子モデル（それぞれの欲求について充足と不満の項目から因子を構成）よりも，6因子モデルや高次因子モデル（3つ欲求充足の因子から高次因子，3つの欲求不満の因子から高次因子を構成）のほうがデータに適合していることが示されている（Nishimura & Suzuki, 2016）。なお，基本的心理欲求とそれに関連する動機づけには，性格特性にも似た一般的な動機づけに関連する生活全般レベル（general），パッションを向けた活動などの特定の文脈における個人の通常の動機づけに関連する文脈レベル（contextual），個人がある時に特定の活動に従事する「今，ここ」にある動機づけに関連するエピソードレベル（episodic）の3つのレベルが存在し，上位のレベルと下位のレベルは互いに影響し合っている（Vallerand, 1997）。

　パッションを向けた活動は基本的心理欲求を満たすと考えられている（Vallerand, 2010）。パッションを向けた活動に従事することは，自分のアイデンティティを反映しているため，自由に従事しているときには自律性の欲求を充足させる。さらに，定期的に活動に携わることで，その活動のスキル

を獲得し，その過程で能力を発達させ，有能さの欲求が充足できるようになる（Deci & Ryan, 1994）。最後に，活動がほかの人と共有されている場合，ほかの人との関係を積極的に感じる機会をもたらし，関係性への欲求が充足する。このように，パッションは，基本的心理欲求を充足させる。そして，この基本的心理欲求を満たそうと，人はパッションを向けた活動に従事するようになり（Vallerand, 2015），それがパッションの価値を示す重要な要素となっていく。

　しかし，パッションの価値は，活動の中で得られる欲求にとどまらない。パッションを向ける活動以外での欲求を満たしているかということも，重要になってくる。パッションを向ける活動以外で欲求が満たされないことで，欲求を満たすことができるパッションを向けた活動に過度に関与することで，それを補おうとすることが想定されている（Vansteenkiste & Ryan, 2013）。また，仕事や学校など，重要な生活領域での慢性的な欲求不満は，パッションを向けた活動などの別の分野で欲求を満たすことを促す（Vallerand, 1997; Miquelon & Vallerand, 2008）。そうした活動以外での欲求不満は，人々に活動に対する頑固な執着を生じさせ，強迫性パッションを形成し，それに関連する否定的な結果を経験する可能性がある（Laland et al., 2017）。これは，調和性パッションの場合には当てはまらない。調和性パッションは，自律的な内在化によって生じたものであることから，プレッシャーや，社会から認められる活動に付随するものを満たすための活動に従事させない（Vallerand, 2010, 2015）。

　このようにパッションを向けた活動において欲求が充足されることは，調和性パッションでも強迫性パッションでも想定されるが，活動外で欲求充足がなく，欲求不満になることで，それが調和性パッションの抑制や，強迫性パッションの促進につながると考えられる。こうしたことから，パッションの促進と抑制に基本的心理欲求が関わっていると考えられる。

　ここまで，パッションの二元モデルの概要について述べた。次節は，パッ

ションと類似概念を比較することにより，パッションの概念の独自性を示していく。

第3節　類似概念との比較

　パッションの定義は7つの要素に分けられる（Vallerand, 2015）。第1に，パッションはすべての活動ではなく，特定の活動にパッションが向けられるという限局性があることである。特定の活動にパッションが向けられることで，ほかの活動や人，ものの間に相互作用が生じる。第2に，その活動が好きである，あるいは愛をもっていることである。その活動への愛が深いと，特に活動が継続しやすい。第3に，その活動に価値を置き，意味を見出していることである。その活動の価値が高いということは，その人の生活において優先順位が高くなるということである。第4にパッションは人を活動に動機づける要素をもつということである。パッションは感情を生じさせるかもしれないが，本研究で捉えるパッションは感情とは異なるものである。第5に，活動の価値を内在化することにより，活動がアイデンティティの一部になるということである。そうすることで，その活動は自分自身を示すものとなって，その人の中心的な特徴を表すものにもなりうる。第6に，パッションを向けた活動にエネルギーを費やし，長期間にわたって活動に従事することが継続することである。それは，数ヵ月の場合もあれば，数年，もしくは生涯にわたって継続する場合もある。第7に，パッションには二元性があるということである。調和性パッションは，活動に継続して従事することを促しながらもほかの活動と調和し，強迫性パッションは，執着的な活動への従事を引き起こし，ほかの活動との間に葛藤を引き起こす。以降，この7要素について，ほかの類似概念と比較することで，パッションの概念の独自性を強調したい。そのために，Vallerand（2015）を参考に，Zest，Grit，フロー，内発的動機づけ，外発的動機づけを取り上げて，パッションと異なる部分に

ついて説明していく。

　Zest は，Peterson & Seligman（2004）によって提唱された人の強みの一種であり，人生の中で多くのものに対してパッションを持てるようになるような性質である。Zest はパッションのように限局したものではない。もし人がパッションを多くの活動にもってしまったら，活動に対する価値はその人の特徴を表すほど重要なものにはならないだろう。加えて，Zest は二元モデルではなく，単一のもので，その結果は比較的，肯定的なものと仮定されている。

　Grit（Duckworth, Peterson, Matthews, & Kelly, 2007）は長期間の目標に対する忍耐とパッションを示す概念である。Grit で扱うパッションは Zest の概念とは違うものの，パッションのように特定の活動に限局したものではなく，全般的な活動に向けられた特性的なものである。また二元モデルが想定されておらず，ポジティブな結果やパフォーマンスに関わる結果を導く概念である。また，Grit は忍耐性を含む概念である。パッションにおいては，活動に従事することを継続させる心理的効果があるという点では共通している部分もあるが，調和性パッションが生じているときには，時にはこうした忍耐性を導かない場合がある。これは例えば，スポーツなどで怪我のリスクがあるときに，忍耐して練習を続けるか，長期的な視点をもって休養するかというような選択に関わってくる。

　フローは，活動に従事しているとき，その活動に対して集中し，没頭している状態のことである（Csikszentmihalyi, 1978）。パッションと類似点はあるものの，パッションが活動への動機づけについての概念であるのに対し，フローは認知的な心理的状態についての概念である。また，パッションのように適応的，不適応的の双方の結果についてのプロセスを論じるのではなく，適応的な結果のみを取り扱うのがフローでもある。とは言え，フローと不適応的な結果や行動についての研究も報告されている（Partington, Partington, & Olivier, 2009）。フローという概念には二元性は存在しないために，不適応的

な結果について焦点を当てることが難しい。しかし，パッションの二元モデルでは，調和性パッションと強迫性パッションという二元性によって適応的な結果と不適応的な結果が生じることが想定されている。また，パッションは活動への方向づけであって，フローは活動への方向づけではなく，その結果の関係にある。

内発的動機づけは，特定の活動が好きであり，その活動を従事させる方向づけをもつという点で（Deci, 1971），パッションと共通するところが多い概念である。しかし，内発的に動機づけられた活動は，アイデンティティに内在化されているとはいえないことと，比較的短期間のタスクにおいてよく生じるものであるという特徴がある（Koestner & Losier, 2002）。また，内発的動機づけは，個人的な意味や価値をもたない場合にも生じるものである。一方で，パッションは，活動が好きであることと，価値を見出していることの双方があって生じるものである。また，内発的動機づけは二元モデルを前提として検討しておらず，適応的な結果のみを導くと仮定されている（Deci & Ryan, 2000）。

外発的動機づけは，活動に従事することによる楽しみから生じるのではなく，活動に対する外的な価値を理由に生じるものである（Deci, 1975）。つまり，パッションとの大きな違いは，パッションが活動を好きであるという側面をもつのに対して，外発的動機づけは罰や報酬といった活動外のものによって動機づけられる側面を持つということである。また外発的動機づけの中には，取り入れ調整によって活動の価値を内在化するものもある。パッションがあると，活動それ自体のために活動に従事することが目標となるが，内在化され取り入れ調整されたときは，たとえそこに高い自律性があって，ときおり楽しみをそこに見つけたとしても，活動そのものとは違うものを得ることが目標となる。実証的な研究においても，パッションと内発的・外発的動機づけは区別されている。例えば，パッションは内発的動機づけと外発的動機づけと中程度の相関を示している（Vallerand et al., 2003）。さらに，内発

的動機づけと外発的動機づけを統制しても，パッションは肯定的および否定的な感情と行動の結果に影響を与えることが報告されている（Vallerand et al., 2003）。これらの研究によって，内発的・外発的動機づけはパッションとは異なることが示されている。

このようにパッションは他概念とは異なる要素をもち，それだけでなく，心理的適応と不適応に対して独自の影響力をもつと考えられる。次節では，パッションの実証的な研究を概観していく。

第4節　パッションの二元モデルに関する実証的な研究

(1) 二元モデルに基づく Passion Scale の研究

Passion Scale（Vallerand et al., 2003; Marsh et al., 2013）は，パッションの強さを測定するパッション基準と，パッションの状態である調和性パッションと強迫性パッションを測定する尺度である。パッション基準は，パッションの定義（Vallerand et al., 2003; Marsh et al., 2013）に基づく項目であり，パッションが生じているかどうかを判定するための項目になっている。このパッション基準の各項目と2つのパッションとの間にはそれぞれ正の相関が認められる（Marsh et al., 2013）。先行研究（Vallerand & Houlfort, 2003）では，このパッションの基準の平均値が4以下のサンプルはパッションが生じていないとみなしている。つまり，この基準を満たすことによって，パッションが生じていることを判断し，そのうえで，調和性パッションと強迫性パッションを測定することを可能にしている。

Passion Scale は，様々な活動についてのパッションを測定できる。Vallerand et al.（2003）では，パッションを向ける活動を特定せずに，大学生に対し自由記述で調査を行い，活動を7つのカテゴリに分類している。結果，個人スポーツ／身体活動（Individual sports／physical activity）が34.85%，集

団スポーツ（Team sports）が25.54％，受身的余暇（Passive leisure）が15.05％，音楽（Active music）が10.01％，読書（Reading）が4.95％，芸術（Active arts）が3.96％，仕事／教育（Work／education）が1.98％であることが示されている。

Vallerand et al.（2003）によって作成された原版のPassion Scaleは，調和性パッション7項目，強迫性パッション7項目からなっており，パッション基準は6項目が用いられている。原版を基に，イタリア版（Zito & Colombo, 2017），ポルトガル版（Gonçalves, Ramos, Ferrão, & Parreira, 2014），日本版（Hatori, Ishimura, Ichimura, Koganei, 2013）の翻訳版が作成された。

しかし，原版にはパッションによって引き起こされる結果に該当するような項目が存在しており（Vallerand et al., 2003），内容的妥当性に課題があった。Vallerand（2010）はこれらの項目を除外・修正し，修正版Passion Scaleを作成し，Marsh et al.（2013）はその信頼性・妥当性を検討した。修正版Passion Scale（Marsh et al., 2013）は調和性パッション6項目，強迫性パッション6項目からなっており，パッション基準4項目が使用されたが，後に1項目が追加され現在は5項目となっている（Vallerand, 2015）。修正版（Marsh et al., 2013）を基にし，パッション基準5項目を用いた翻訳版の尺度は，スペイン版（Chamarro et al., 2015），中国版（Zhao, St-Louis, & Vallerand, 2015）などがあるが，我が国では翻訳版は作成されていない状況である。

（2）パッションが心理的適応と不適応に及ぼす影響に関する研究

パッションが心理的適応と不適応に与える影響について様々な側面から検討が行われてきた。第2節でもふれたように，調和性パッションを向けた活動に従事することは肯定的な経験を促すため，活動に従事している時のポジティブ感情の高さ（Carbonneau, Vallerand, & Massicotte, 2010; Lafrenière, Vallerand, Donahue, & Lavigne, 2009），フローの高さ（Carpentier, Mageau, & Vallerand, 2012; Lavigne & Forest, 2012; Ratelle, Vallerand, Mageau, Rousseau, &

Provencher, 2004)，集中の高さ（Vallerand et al., 2003）との関連が認められている。さらに，調和性パッションは，活動後のポジティブ感情の高さ（Mageau, Vallerand, Rousseau, Ratelle, & Provencher, 2005; Stenseng, Rise, & Kraft, 2011)，ネガティブ感情の低さ（Stenseng et al., 2011）とも関連している。こうした活動内外の肯定的な経験や否定的な経験の少なさによって，心理的適応が促される。そのため，調和性パッションは人生満足度の高さと関連している（Carpentier et al., 2012; Rousseau & Vallerand, 2008; Vallerand et al., 2008a）。

一方，強迫性パッションを向けた活動に従事していることは，否定的な経験を促すため，活動に従事している時のネガティブ感情の高さ（Carbonneau et al., 2010）との関連が認められている。特に，ネガティブ感情の中でも，恥の高さ（Vallerand et al., 2003）や不安の高さ（Mageau et al., 2005）と関連している。加えて，活動が阻害された時のネガティブ感情の高さ（Stoeber, Harvey, Ward, & Childs, 2011）とも関連していることが挙げられる。こうした，活動内外の否定的な経験の多さによって，心理的不適応が促される。そのため，強迫性パッションは人生満足度の低さと関連している（Carpentier et al., 2012）。

また，調和性パッションが高い群，強迫性パッションが高い群，パッションをもたない群の人生満足度と心理的 well-being を比較したところ，調和性パッションが高い群はほかの群に比べて有意に高かったという研究結果もある（Philippe et al., 2009）。

パッションと依存の問題

ここまで，特にパッションと心理的適応との関連について述べてきたが，強迫性パッションには心理的不適応を促す機能がある。特に，強迫性パッションは活動に対して過度な従事を引き起こすことで問題が引き起こされるが，その際，第2節でも述べたが特に懸念されるのが，依存の問題である。

強迫性パッションは依存との関連が指摘されている。オンラインゲームに対する強迫性パッションが依存を促進することが明らかにされている

(Wang & Chu, 2007)。また，エクササイズにおける依存でも，同様に強迫性パッションのみが依存を促進していることが明らかになっている（Paradis, Cooke, Martin, & Hall, 2013）。ここで注目すべきなのは，調和性パッションはこうした依存との関連が認められなく，強迫性パッションのみが依存との関連が認められるという点である。こうした先行研究の蓄積によって，強迫性パッションと依存との関連は明らかにされつつあるが，パッションは様々な活動に向けられるものであることから（Vallrand, 2015），ほかの活動でも同様の影響が認められるかどうか検討する余地があるだろう。依存性は，伝統的に望ましくない特性であり，不適応につながりやすいとされてきたことからも（Bornstein, 1992），パッションが心理的適応と不適応に与える影響を検討する際には，パッションが依存に与える影響も明確にする必要がある。

パッションと継時的変化

　パッションが心理的適応と不適応に与える影響は長期的なものであることが予想される。パッションの経時的特性について，Vallerand（2010）は，調和性パッションと強迫性パッションの時間的安定性は中程度であり，変化と変動の余地があるものの，比較的安定したものであると指摘している。また，Rousseau, Vallerand, Ratelle, Mageau, & Provencher（2002）が約 1 ヵ月の 2 時点調査を行ったところ，調和性パッションと強迫性パッションの再検査信頼性の数値は，それぞれ $r = .89$, $r = .84$ であった。さらに，Carbonneau, Vallerand, Fernet, & Guay（2008）が 3 ヵ月の 2 時点調査を行ったところ，同様に再検査信頼性の数値は，それぞれ $r = .80$, $r = .88$ であった。このように，パッションは比較的安定したものであり，長期にわたって影響を与えるものと考えられる。

　しかしながら，これまでの研究においては，パッションと well-being との関連について継時的変化を検討するための研究が十分でないと考えられる。これまでの研究の多くは横断調査であり，変数のデータが 1 時点で収集され

るに留まっている（例えば，Carpentier et al., 2012; Vallerand, 2012; Forest, Mageau, Sarrazin, & Morin, 2011）。なお，主観的 well-being に関しては，縦断的な調査も行われており，調和性パッションは5週間後のポジティブ感情を介して8週間後の主観的 well-being を高めること，強迫性パッションは5週間後のネガティブ感情を高め，8週間後の主観的 well-being に低めること（Rousseau & Vallerand, 2008），また，調和性パッションは3ヵ月後のポジティブ感情を高め，ネガティブ感情と不安に低めること，強迫性パッションはネガティブ感情を高めることが報告されている（Carbonneau et al., 2010）。しかし，これまでの研究ではパッションと心理的 well-being との関連について縦断データを用いた検討は行われていない。

パッションが影響を及ぼす多面的な well-being

　パッションが影響を与える心理的適応や不適応を示す well-being という概念は，Ryan & Deci（2001）が指摘するように2つの要素（ヘドニックな well-being とユーダイモニックな well-being）によって構成されている。これについては第2節でも述べた。そのうち，パッションの研究の中で well-being の測定でよく用いられるのは，人生満足度である（e.g., Carpentier et al., 2012; Vallerand et al., 2008a）。well-being の測定に対して，Huppert（2013）は，人生満足度のみで well-being をとらえようとする試みに疑問を呈している。心理的適応を示す well-being を正確にとらえるためには，Ryan & Deci（2001）が指摘するように，複数の well-being の指標を用いて検討していくことが必要となってくる。そこには，ヘドニックな well-being とユーダイモニックな well-being に加え，これらの well-being の高次因子である本来感（伊藤・小玉，2005）も含めて検討することで，パッションが影響を与える心理的適応や不適応に与える影響をより正確にとらえることができるだろう。

（3）パッションが認知に及ぼす影響に関する研究

調和性パッションは適応的な認知を促進することで心理的適応を促すが，強迫性パッションは不適応的な認知を促進することで，心理的不適応を促す。パッションが心理的適応に影響を与える過程について，認知を媒介変数とした研究がいくつか存在する。例えば，調和性パッションは，パッションを向ける活動に従事しているときのフローを促進することで，人生満足度を向上させるが，強迫性パッションは，学習中にその活動に関する反すうを高めることで，人生満足度を低下させるということが示されている（Carpentier et al., 2012）。また，パッションを向ける活動に従事しているときと活動に従事していないときに生じる不随意的な肯定的思考は，調和性パッションによって促進され，その肯定的思考が well-being を向上させ，抑うつを抑制するということが示されている（Rice & Fredrickson, 2017）。このように，認知として，フローや反すう，肯定的思考を媒介変数としたモデルの検討が行われてきた。

パッションが災害ストレスに及ぼす影響

　地震や台風，感染症のパンデミックなどの災害に遭遇したとき，パッションを向けた活動にも影響が及ぶ。わが国では毎年のように地震や台風の大きな被害があり，また，2020年には新型コロナウイルスの感染症のパンデミックが発生した。災害は，誰もが遭遇しうるものであり，災害のストレスは心理的適応を阻害するだろう。その際，活動に向けられたパッションの違いが，災害のストレスにも影響を及ぼすことが想定される。

　パッションの違いは，経験した出来事の認知に影響を及ぼす。自律的な内在化によって生じる調和性パッション（Vallerand, 2015）は，今起こっているありのまま経験を認識させ，それを正確に解釈したいという欲求を促すことで，ポジティブな結果を導く（Hodgins & Knee, 2002）。反対に，他律的な内在化によって生じる強迫性パッション（Vallerand, 2015）は，経験に対する防衛的な認知を促進し，経験した出来事を正確にとらえることができず，感

情にとらわれてしまい，自己に脅威をもたらす経験を促す（Hodgins & Knee, 2002）。例えば，スポーツの領域では，調和性パッションは問題解決のための適応的コーピングの使用を促進する一方，強迫性パッションは回避するための非適応的コーピングの使用を促すことが示されている（Verner-Filion et al., 2014）。さらに，怪我（Rip et al., 2006）や失敗（Schellenberg et al., 2016）などの特定のストレスの多い状況では，調和性パッションは状況を正確に認識することを促すことで適応的な結果につながる可能性が高いが，強迫性パッションは否定的な感情の増幅や状況の不適切な評価を促すことで，不適応な結果につながる可能性が高くなる。

　パッションが災害のストレスにどのように影響を与えるか検討する余地がある。災害は長期間にわたって影響を及ぼし続ける可能性があり，パッションはどのような状況であっても，その活動への従事を引き起こすものである。災害が生じたときパッションの違いが心理的適応や不適応に影響を及ぼす可能性を考慮すると，パッションをアセスメントすることで，災害に伴うストレスがどの程度か想定できる可能性がある。このことから，パッションと災害のストレスとの関連を明らかにする必要があるだろう。

パッションが自動思考に及ぼす影響

　活動に従事しているときに生じる自動思考は，心理的適応と不適応に重要な影響を与える。自動思考とは，自分の意図に関係なく，意識上に浮上してくる思考であり，抑うつや不安などのネガティブ感情を生じさせるものである（Beck, 1976　大野訳 1990）。ネガティブ感情を生じさせるような自動思考は特に否定的自動思考と呼ばれ，抑うつの高さ（義田・中村，2007），人生満足度の低さと関連していることが分かっている（Pan, Ye, & Ng, 2016）。このように，否定的自動思考が不適応的に機能することが示されている一方，適応的に機能する肯定的自動思考に関する研究もおこなわれている。肯定的自動思考は，抑うつを低下させ（西川・松永・古谷，2013），人生満足度の高さ

と関連している (Pan et al., 2016)。また, 肯定的自動思考の頻度について, 抑うつ症状の臨床群と健常群との間に有意な差が認められた (Ingram, Slater, Atkinson, & Scott, 1990) との報告もある。よって, 同じ自動思考でも, 肯定的自動思考と否定的自動思考は異なる機能をもっていると考えられる。

　パッションを向けた活動に従事している際にも, これらの自動思考が生じると考えられる。強迫性パッションは, 経験に対する防衛的な認知を促進するが (Vallerand, 2015; Hodgins & Knee, 2002), 防衛的な認知は自分自身や他人に危害を加えることに対する個人的な責任や非難についての信念に結びついた否定的自動思考を引き起こす (Salkovskis, 1985)。一方, 調和性パッションは, 開放的な認知を促進するが (Vallerand, 2015; Hodgins & Knee, 2002), 開放的な認知には認知の柔軟性が含まれ, これにより個人はストレスの多い出来事を肯定的に再解釈することができ, 肯定的な自動思考が増加する (Lightsey, 1994)。このことから, 強迫性パッションは否定的自動思考, 調和性パッションは肯定的自動思考との関連が想定される。

　パッションと自動思考との関連を示すことで, パッションの違いを考慮した自動思考への介入可能性を示すことができる。認知行動療法では, 不適応的な思考を適応的な思考に変容するような介入も行われる。自動思考は, 客観性や測定可能性に優れ, かつ臨床操作も行いやすい変数とされる (坂野, 1992)。調和性パッションか強迫性パッションかによって, 生じる自動思考の質に差異があるとすると, パッションをアセスメントすることで自動思考への介入が行いやすくなるかもしれない。

　こうした心理的援助を行うためにも, パッションが心理的適応と不適応に影響を与える際の媒介要因として, 自動思考に着目して検討する必要があるだろう。

(4) パッションを促進抑制する要因についての研究

　第2節では, パッションの形成には, 基本的心理欲求が重要な役割を果た

していることを述べた。生活全般レベル（以下，生活全般）の基本的心理欲求と，パッションを向けた活動内の基本的心理欲求は，それぞれ調和性パッションと強迫性パッションに異なる影響を及ぼす。活動内の欲求充足がパッションに影響を及ぼすのは，パッションを向けた活動に従事することで欲求充足が高まると，その活動に対して欲求が満たすことができるという価値が高まるためである（Vallerand et al., 2003）。先行研究でも，調和性パッションと強迫性パッションはともに活動内の欲求充足を高め，調和性パッションから活動内の欲求充足への影響のほうが強いことが指摘されている（Lopes & Vallerand, 2020）。さらに，調和性パッションは生活全般の欲求充足を高め，強迫性パッションは生活全般の欲求充足を低めることも示されている（Houlfort, Fernet, Vallerand, Laframboise, Guay, & Koestner, 2015）。一方，活動内の欲求充足は調和性パッションおよび強迫性パッションを高め，活動内の欲求充足から調和性パッションへの影響のほうが強いことが示されている（Lalande, Vallerand, Lafrenière, Verner-Filion, Laurent, Forest, & Paquet, 2017; Mills, Milyavskaya, Mettler, Heath, & Derevensky, 2018b; Tóth-Király, Bőthe, Márki, Rigó, & Orosz, 2019）。また，基本的心理欲求がパッションを向けた活動以外で満たされない場合，人はその活動に過度に熱中することで埋め合わせをしようとする（Vansteenkiste & Ryan, 2013）。そのため，生活全般の欲求充足は強迫性パッションを低め（Lalande et al., 2017），生活全般の欲求不満は強迫性パッションを高めることが示されている（Mills et al., 2018b; Tóth-Király et al., 2019）。

　しかし，生活全般と活動内の欲求充足および欲求不満とパッションとの関連について，検討が不十分である。まず，活動内の欲求不満とパッションとの関連について未検討である。活動内の欲求不満はゲーム中毒といった心理的適応を妨げるような活動への過度な従事と正の関連があること（Allen & Anderson, 2018; Mills, Milyavskaya, Heath, & Derevensky, 2018a），ゲーム中毒と強迫性パッションには正の関連，調和性パッションには関連がないことが示

されていることから (Wang & Chu, 2007), 活動内の欲求不満は, その活動への過度な従事を生じさせる強迫性パッションを高める可能性がある。そのため, 活動内の欲求不満は強迫性パッションと負の関連を示し, 調和性パッションと関連を示さないことが予想される。さらに, パッションを向ける活動への意識や環境などの文化的な背景が異なると, パッションと他の指標との関連に違いが生じる可能性も指摘されており (Burke, Astakhova, & Hang, 2015), 生活全般と活動内の欲求充足および欲求不満とパッションとの関連について, 日本でも同様の現象が確認できるか検討する必要がある。次節では, こうした課題を含めて, パッションの二元モデルに関する研究を行うことが臨床心理学にどのような意義をもたらすかについて示していく。

第5節　パッションの二元モデルに関する研究の意義

　第4節で述べたように, パッションは心理的適応と不適応を分かつ重要な要因であり, それを示す実証的な研究が蓄積されつつある。第5節では, 臨床心理学におけるパッションの二元モデルに関する研究の意義を示していく。

(1) ポジティブな資源や資質をもたらすものとして

　パッションを向ける活動は生活において重要な要素となっており (Vallerand, 2015), 8割以上の多くの人が何らかの活動にパッションを向けている (Vallerand et al., 2003)。パッションを向ける活動での経験が個人の適応に大きな影響を与えているとすると, 調和性パッションもしくは強迫性パッションの高さが, 個人の心理的適応を考える上で重要である。特に, 調和性パッションは心理的適応に重要な要素であり, ポジティブ心理学が探求する「どうすれば人は生きるに値する生活を送ることができるのか (Seligman & Csikszentmihalyi, 2000)」という問いに対する答えの1つにもなっているとされる (Vallerand et al., 2003)。

ポジティブ心理学とは，脆弱性やリスクを抱えている者を発見し早期に介入することに主眼を置いてきたことを反省し，人の強さや美徳などのポジティブな資質や資源を解明して，人の幸せを構築する方向性を示す心理学の領域である（Seligman & Csikszentmihalyi, 2000）。臨床心理学においても，ポジティブ心理学の視点を取り入れることで，疾患の予測力の向上，非臨床群の健康増進，疾患の予防，疾患に対する新たな治療法の開発が可能になると考えられている（Wood & Tarrier, 2010）。つまり，パッションに関する検討は，ポジティブな資源や資質の解明につながり，臨床心理学の研究の上でも，重要であると考えられる。

（2）精神病理の理解を促すものとして

　パッションには心理的不適応を促す側面もある。例えば，強迫性パッションが促進するとされている活動への依存は，物質の依存と同じく様々な心理的不適応を促す。これまで依存の対象となる活動は，ゲームやギャンブルなどであったが，近年ではスマートフォンも依存の対象になるとの研究も登場し（Kwon et al., 2013），今後も時代の変化とともに依存の対象となる活動が増加していくことが予想される。これらの活動への依存の促進要因として強迫性パッションを想定することで，被援助者の抱える依存の理解を促すことができる。また，パッションは，精神疾患のリスクにもつながる不適応な認知にも影響を及ぼす。特に，強迫性パッションの特徴の1つである防衛的な認知は，第4節でも述べた自動思考や災害のストレスにも影響を及ぼす可能性がある。パッションはすべての人が持ちうるものであり，その人のアイデンティティの一部にもなるような，人生においても中核的な一要素にもなりうるため，心理的援助を行う際にも，パッションの状態を確認することは，被援助者の大きな助けになるだろう。

　このように，活動に伴う2側面が想定されているパッションの二元モデルは，精神疾患の理解を深めるためにも重要であるとされる（Vazquez, 2017）。

パッションの観点から精神疾患の理解が深まることは，様々な活動によって生じる心理的不適応の理解の一助なり，個々の患者から社会全体に至るまで広範にわたって利益をもたらすことが考えられる。より具体的には，効果的な治療法の開発や，精神疾患の予防策の策定，精神疾患の診断精度向上，精神疾患に関する教育の強化にもつながる。

（3）心理的援助を行う際の新しい視点を提供するものとして

ポジティブ心理学の台頭を背景に，ポジティブな資源や資質を高めるような心理的援助についての研究が行われている。その1つが，well-beingが高められる意図的な活動に従事させることについての研究である（Lyubomirsky, Sheldon, & Schkade, 2005）。具体的には，感謝の表現をする（Algoe, Haidt, & Gable, 2008），感謝を数える（Froh, Sefick, & Emmons, 2008），人生の目標について書く（King, 2001）などの活動である。こうした意図的な活動を持続的に取り組むことを促すことで，well-beingを維持することにもつながる可能性があるとされている（Lyubomirsky et al., 2005）。

しかし，こうした活動よりも，パッションを向けた活動に着目したほうがより良い心理的援助を提供できる可能性がある。その理由は，こうした意図的な活動とパッションを向けた活動の違いから説明できる。この点について，Vallerand（2012）は3つの視点から，その違いを指摘している。

第1に，活動の持続可能性の視点である。パッションの場合には，活動への取り組みを促すものであるから，活動への従事が継続され，そこで得られる肯定的な経験も継続し，心理的適応が促される。先述したような意図的な活動にはパッションが生じているとは限らないため，継続した心理的適応の効果は得られないかもしれず，心理的援助を継続する際には困難が生じる。

第2に，心理的適応と不適応がともに生じうるという視点である。第2節でも述べたように，強迫性パッションは，調和性パッションとは異なり，心理的不適応を促す場合がある。これは生じるパッションが異なり，生じる結

果も異なるためである。したがって，たとえ気に入った意図的な活動であっても，心理的適応が促されるわけではなく，活動に伴う心理的な恩恵を十分に受けるには，調和性パッションを向けた活動でなければならない。活動による心理的適応を促すためには，活動の種類や興味や価値観だけでなく，パッションの二元モデルの視点を取り入れることが必要なのである。

第3に，活動が心理的適応を促す過程が明確かどうかという視点である。例えば，Lyubomirsky et al.（2005）は，活動で自己一致が達成されることで，well-being が高められることを示しているが，well-being が高められる過程については明確に述べられていない。第2節で述べたように，パッションの二元モデルでは，調和性パッションを向けた活動に従事していることでポジティブ感情や適応的な認知などが生じ，心理的適応が促されることが二元モデルの中で説明されている。こうした，心理的適応を促す過程について実証的な研究では未検討な部分が残るものの，心理的援助を行う際には，心理的適応が促される背景が明確である必要性があるだろう。

これらの理由から，意図的な活動に従事させるだけではポジティブな資質を伸ばすには不十分であり，パッションに着目した心理的援助が有効であると考える。無論，パッションには2側面が想定されていることから，心理的適応を促す調和性パッションを促進し，心理的不適応を促す強迫性パッションを抑制するような心理的援助が必要になってくる。パッションに対する心理的援助とは，新しい活動を取り入れるのではなく，今パッションを向けている活動をより良いものにしていくための心理的援助である。

ところが，パッションに対する具体的な心理的援助について確立されたものがないのが現状である。この原因の1つに，パッションに対する心理的援助を行うための基礎的な知見が不足していることが挙げられる。こうした知見が十分に蓄積されることにより，パッションに対する心理的援助が可能になると考えられる。

第2章　本研究の目的

第1節　本研究の目的

　本研究ではパッションの二元モデルに基づく検討をしていく。第1章では，パッションの二元モデルについて説明し，類似概念との比較を行うことで，パッションの概念の独自性を示した。そのうえで，パッションの先行研究を概観し，問題点を明確にした。さらに，パッションの研究の意義をポジティブ心理学，精神疾患の理解，心理的援助の視点から明確にし，パッションの研究が心理学の上で重要であることを示した。第2章では，第1章で明確にした問題点より，4つの目的を示した。

　第1の目的は，パッションの二元モデルに基づく尺度の開発を行い，その信頼性と妥当性を示すことである。我が国では，パッションに関する研究はほとんど行われていなかった。その理由として，パッションの概念が明確に捉えられていなかったことに加えて，パッションを量的に測定する実用可能な心理尺度が存在しなかったことが挙げられる。そこで，二元モデルに基づくパッションを量的に測定する実用可能な心理尺度を作成し，パッションの二元モデルにおいて想定される概念との関連について検討する必要がある。第1の目的は，第3章の研究1に該当する。

　第2の目的は，パッションが心理的適応と不適応を与える影響についてより詳細に検討することである。先行研究においても，調和性パッションが心理的適応を促し，強迫性パッションが心理的不適応を促すことが実証的にも示されてきた。しかし，先行研究を概観する中で，取り上げるべき問題として，パッションと依存との問題，継時的変化の問題，well-beingの指標の問

題が浮上した。これらの問題を解決していくことで，パッションが心理的適応と不適応に与える影響をより明確にすることができると考えられる。第2の目的については，第4章の研究2，研究3にて行う。

　第3の目的は，パッションが認知に与える影響について検討することである。先行研究でも，調和性パッションと強迫性パッションは思考やフロー，反すうなどの様々な認知プロセスを経て，心理的適応と不適応に影響を及ぼすことが示されてきた。しかし，さまざまな精神疾患に関連する災害のストレスや自動思考に関しての検討が必要である。第3の目的については，第5章の研究4，研究5にて行う。

　第4の目的は，パッションの概念を取り入れ，心理的援助を行うための研究を行うことである。パッションに対する心理的援助を行うために，第4節では，基本的心理欲求がパッションの促進と抑制に影響している可能性を指摘した。そこで本研究では，活動をしている時と生活全般の基本的心理欲求の充足と不満に着目し，それぞれが調和性パッションと強迫性パッションに及ぼす影響について検討する。この点については第6章の研究6で検討を行う。

　第2部では，4つの目的について各章で実証的に取り上げる変数との関係を示していく。各章では，より詳細に問題の所在と目的を論じ，それを受けて実証的検討の方法と結果・考察をそれぞれの研究ごとに報告していくこととする。

　第3部では，本研究で得られた結果と知見を整理し，その意義と限界，今後の展望について考察する。本研究の全体図はFigure 1に示す。

第1部 パッションに関する 理論的検討	**第1章　パッションの概念的検討** 第1節　パッションとは 第2節　パッションの二元モデル 第3節　類似概念との比較 第4節　パッションの二元モデルに関する実証的な研究 第5節　パッションの二元モデルに関する研究の意義
	第2章　本研究の目的 第1節　本研究の目的

第2部 パッションに関する 実証的検討	**第3章　パッションを測定する尺度の開発** 第1節　【研究1】　パッション尺度日本語版の作成と信頼性・妥当性の検討
	第4章　パッションが心理的適応と不適応に与える影響 第1節　【研究2】　パッションがスマートフォン依存，精神的健康，不眠傾向に与える影響 第2節　【研究3】　交差遅延モデルによるパッションと心理的適応の因果関係の検討
	第5章　パッションが認知に与える影響 第1節　【研究4】　パッションがCOVID-19の恐怖と精神的苦痛に及ぼす影響 第2節　【研究5】　パッションが自動思考を介して抑うつと人生満足度に与える影響
	第6章　パッションに対する心理的援助を行うための検討 第1節　【研究6】　欲求充足・欲求不満がパッションの促進および抑制に与える影響

第3部 総合的考察	**第7章　総合的考察** 第1節　まとめ 第2節　本研究の考察 第3節　本論文の限界と今後の展開

Figure 1　本研究の全体図

第 2 部　パッションの二元モデルに関する実証的検討

第 3 章　パッションを測定する尺度の開発

第 1 節　【研究 1】　パッション尺度日本語版の作成と信頼性・妥当性の検討

問題と目的

　我が国ではパッションの二元モデルに基づく研究はほとんど行われてこなかった。その理由としては，パッションを量的に測定する実用可能な心理尺度が存在しなかったことが理由として挙げられる。そこで研究 1 では，パッション基準 5 項目を含めた17項目からなる修正版 Passion Scale（Marsh et al., 2013）の日本語版（'パッション尺度日本語版' とする）を作成し，信頼性と妥当性の検討を行う。

　尺度の信頼性については，内的一貫性と時間的安定性を確認する。研究 1 では，Ratelle, Carbonneau, Vallerand, & Mageau（2013）に倣い，3 週間間隔での検討を行う。また尺度の妥当性については，まず，探索的因子分析によって原版と同じ因子構造になるかを確認した後，確認的因子分析によって，その因子モデルの適合度について検討を行い，尺度の構造的な側面について確認を行う。

　基準関連妥当性の検討については，中国版（Zhao et al., 2015）では，ポジティブ感情，ネガティブ感情，フロー，well-being についてのみ検討をおこなっている。しかし，原版（Vallerand et al., 2003）では，パッションの二次元性の測定をするために，ポジティブ感情，ネガティブ感情，ネガティブな認知，不安，恥，フロー，集中，など，複数の変数との関連について検討し

ている。研究1では，これらの概念について我が国で測定可能な尺度が存在していることを条件に，原版で測定されているポジティブ感情，ネガティブ感情，不安，恥，フロー，集中と，中国版で測定されている well-being について検討する。このうち，ポジティブ感情とネガティブ感情については，原版の妥当性検討を参考に，「活動中」，「活動後」，「活動が阻害された時」の条件を教示によって設定する。加えて，well-being などの正の側面だけでなく，ill-being に関わる負の側面の変数も必要であると考え，抑うつについても測定する。

　調和性パッションは，適応的な結果を導き，葛藤などネガティブな体験を抑制することから，活動中と活動後のポジティブ感情，フロー，集中，well-being と正の相関を示し，ネガティブ感情，抑うつと負の相関を示すことが予想される。一方，強迫性パッションでは，逆に葛藤などが生じやすいことから，活動中と活動が阻害された時のネガティブ感情，不安，恥，抑うつと正の関連を示すことが予想される。

　さらに，パッションを向ける活動内容によって，調和性パッションと強迫性パッションの高さに違いが生じるかどうかについても検討を行う。加えて，パッションを向ける活動の選択に男女差が存在するかについても同時に検討する。

調査1

　調査1では，パッション尺度日本語版の作成と信頼性・妥当性の検討を目的として大学生に対して質問紙調査を行った。

方法

　パッション尺度日本語版の作成　原尺度は，Vallerand et al. (2003) が作成し，Vallerand (2010) によって修正された Passion Scale である。調和性パッションの6項目，強迫性パッションの6項目，パッション基準の5項目

の計17項目からなり，十分な信頼性・妥当性が報告されている（Marsh et al., 2013）。日本語版の作成にあたっては，原著者の Vallerand の許可を得た。翻訳を職業とする専門家4名（英語を母国語とする翻訳家の男女各1名，および日本語を母国語とする翻訳家の男女各1名）に依頼し，原尺度の項目を日本語に翻訳した。日本語訳の結果を踏まえ，心理学を専門とする大学教員2名（このうち1名は日英のバイリンガル），および大学院生3名が表現の統一などを協議した。次に，前述の4名の翻訳家とは別の翻訳家4名（英語を母国語とする翻訳家の男女各1名，および日本語を母国語とする翻訳家の男女各1名）にバックトランスレーションを依頼した。その後，先ほどの5名で，原版と項目内容が等しいか検討を行った。その結果，1項目の項目内容が原版と異なると判断された。この1項目について，さらに原著者に表現や内容について確認した後，日本語訳を修正した。再度，前回依頼した翻訳家とは別の翻訳家4名（英語を母国語とする翻訳家の男女各1名，および日本語を母国語とする翻訳家の男女各1名）に依頼し，同様の手続きでバックトランスレーションを行い，結果を原著者に送り，十分な等質性を得られたことを確認し，パッション尺度日本語版を作成した。

　調査1では，最初に「あなたが好きな活動で，それが重要であって，かつ，多くの時間を費やしているものについて記述してください」という教示を示し，回答者には，活動を自由記述させた。そして，その活動についての，1週間当たりの活動時間と，これまでの活動経験年数についての自由記述をさせた。そして，その活動を思い浮かべながらパッション尺度日本語版の項目へ回答することを求めた。パッション尺度日本語版の下位尺度のうち，調和性パッションは「この活動は，私の生活の中にうまく組み込まれている」などの6項目から，強迫性パッションは「この活動をしたいという衝動をコントロールすることは難しい」などの6項目から構成されていた。また，パッション基準は，「この活動に多くの時間を費やしている」などの5項目から構成されていた。

参加者 国立大学3校，私立大学4校の大学生664名に対し質問紙調査を行った。パッションを向ける活動を記述していないにもかかわらずパッション尺度日本語版に回答しているサンプルや一様に回答しているサンプルを分析から外した611名のうち，Vallerand & Houlfort（2003）を参考に，パッション尺度日本語版のパッション基準（5項目7件法）の合計得点を算出し，平均4未満の値のサンプルは除外した。最終的に508名（男性168名，女性338名，不明2名，平均年齢19.5±2.82歳）を分析対象者とした。なお，パッション基準の平均4より大きい値を示したサンプルは，全体の83.1%だった。また，パッションを向けた活動の平均活動年数は8.19年，1週間の平均活動時間は13.6時間だった。パッションを向けた活動について自由記述で回答したものは，原版（Vallerand et al., 2003）を参考にした分類を基に，著者と心理学専攻の大学院生1名が独立して分類を行った。分類の評定者間の一致率は，94.70%だった。評定者間で一致しなかった項目については，討議により再分類を行った。各分類の割合は Table 1 に示す。

手続き 調査は2016年6月から7月に実施した。授業担当者の同意を得た後，授業の前後等を用いて調査を行った。倫理的配慮として，無記名式で行い，調査時には，調査への回答は任意であること，目的や個人情報の保護な

Table 1　パッションを向けた活動内容の分類

活動内容	%
個人スポーツ（ジョギング，サイクリング，水泳など）	4.5
集団スポーツ（サッカー，バスケットボール，テニスなど）	9.3
受身的余暇（映画を見る，音楽を聴くなど）	30.9
音楽活動をする（ギターを弾く，ピアノを弾くなど）	9.8
読書（読書，漫画を読む，小説を読むなど）	11.4
芸術（絵を描く，写真をとるなど）	9.4
仕事／学業（アルバイト，自分の専門の勉強など）	1.4
対人関係（友達や家族と一緒にいるなど）	3.5
その他（食べること，料理など）	19.7

ど研究の趣旨や守秘義務についての説明を行った。なお，調査1は著者が所属する大学の倫理委員会による審査によって承認を受けた。

調査内容 パッションを測定する尺度と，基準関連妥当性を検討するための尺度は以下の通りである。

パッション パッションの測定には，上記の手続きを経て作成したパッション尺度日本語版を用いた。評定は「全く当てはまらない」から「非常によく当てはまる」の7段階評定法で行った。

ポジティブ感情とネガティブ感情 ポジティブ感情とネガティブ感情の測定には，日本語版 Positive and Negative Affect Schedule（以下，日本語版 PANAS）（佐藤・安田，2001）のポジティブ感情8項目，ネガティブ感情8項目，計16項目を使用した。評定は「全く当てはまらない」から「非常によく当てはまる」の7段階評定法で行った。パッション尺度日本語版で記述した活動について，活動中，活動後，活動が阻害された時の感情状態について回答を求めた。感情状態の測定には，Vallerand et al. (2003) を参考に，「好きな活動をしているとき（活動中）」「好きな活動を終えた後（活動後）」「好きな活動が妨げられたとき（活動が阻害されたとき）」という教示を示し，回答を求めた。なお，Vallerand et al. (2003) に倣い，活動後と活動が阻害された時の教示を加えた尺度は同時に使用せずに別のサンプルに対して使用した。

フロー フローの測定には，フロー体験チェックリスト（石村，2014）の没入4項目，自信4項目，挑戦2項目の計10項目を使用した。評定は「全く当てはまらない」から「非常によく当てはまる」の7段階評定法で行った。パッション尺度日本語版で記述した活動について，活動中のフロー体験について回答を求めた。

恥 恥の測定には，樋口（2000）で析出された恥の測定項目23項目を使用した。評定は，「感じない」から「非常に感じる」の4段階評定法で行った。

不安 不安の測定には，状態－特性不安尺度（清水・今栄，1981）の状態の20項目を使用した。評定は，「まったくそうでない」から「そうである」の

4段階評定法で行った。パッション尺度日本語版で記述した活動について，活動中の不安状態について回答を求めた。

集中　集中の測定には，多面的感情状態尺度（寺崎・岸本・古賀，1992）のうち，集中の10項目を使用した。評定は，「全く感じていない」から「はっきり感じている」の4段階評定法で行った。パッション尺度日本語版で記述した活動について，活動中の集中について回答を求めた。

抑うつ　抑うつの測定には，ベック抑うつ尺度の日本語版（林・瀧本，1991）の21項目を使用した。評定は4段階評定で行った。最近の抑うつ状態について回答を求めた。

well-being　well-beingの測定には，Satisfaction With Life Scale日本語版（大石，2009）の計5項目を使用した。評定は，「全く当てはまらない」から「非常によく当てはまる」の7段階評定で行った。現在のwell-beingについて回答を求めた。

結果と考察

以下，データの統計処理はSPSSおよびAmosによって行われた。分析の際の欠損値の処理方法については，パッション尺度日本語版の因子分析ではリストワイズ法，そのほかの分析では，ペアワイズ法によって分析を行った。

分析に先立ち，パッション尺度日本語版の調和性パッションと強迫性パッションの12項目について，項目の得点分布状況を確認した。1つの選択肢に対して70％以上の分析対象者が回答した項目は見当たらなかったため，パッション尺度日本語版12項目をそのまま分析に使用した。

因子構造の検討　パッション尺度日本語版の12項目について，主因子法による因子分析を行った。その結果，固有値の減衰状況（3.78，2.42，1.184，.865……），因子解釈可能性から2因子構造が妥当であると判断した。さらに，因子数を2に設定し，再度，最尤法・プロマックス回転による因子分析を行った。その結果，すべての項目において，1つの因子に.40以上の因子負荷

量を示していた。パッション基準を除くパッション尺度日本語版の12項目は，修正版と同じ2因子構造を示し，因子Ⅰは強迫性パッションの項目，因子Ⅱは調和性パッションの項目で構成されていた。因子分析の結果を Table 2 に示す。

次に，確認的因子分析の結果，項目間に誤差相関を設定しないモデルでは，適合度が低かった（CFI = .826; TLI = .784; RMSEA = .113）。そこで，同一内容を測定していると考えられる項目1と項目8，項目1と項目10，項目8と項目10，項目7と項目9との間に誤差相関をそれぞれ設定し，確認的因子分析を再度行った。その結果，各適合度指標は概ね許容範囲を示した（CFI = .928; TLI = .903; RMSEA = .075）。

Marsh et al.（2013）が行った確認的因子分析のモデルの適合度や（CFI = .919; TLI = .896; RMSEA = .075），Zhao et al.（2015）のモデルの適合度（CFI = .939; TLI = .921; RMSEA = .069）と比較しても，調査1で得られた適合度の値は十分なものであると判断できる。

また，誤差相関が生じた理由については，選択されるパッションを向ける活動の違いが影響している可能性も考えられる。しかし，類似した項目について Marsh et al.（2013）では，項目1と項目8，項目7と項目9の間に誤差相関を想定し，Zhao et al.（2015）においても項目1と項目10，項目7と項目9の間に誤差相関を設定したモデルについて検討し，それぞれ誤差相関を設定したモデルを妥当なものとしている。選択される活動のどのような要因が誤差相関の高さに影響しているか今後検討していく必要はあるものの，調査1で設定した誤差相関を含めたモデルは妥当なものであると判断した。

性差　パッション尺度日本語版の男女差について検討した。調和性パッションについては，男性（$M=4.74$, $SD=1.33$）と女性（$M=4.87$, $SD=1.24$）で有意差は認められなかった（$t(495)=1.08$, ns）。強迫性パッションについても男性（$M=3.64$, $SD=1.41$）と女性（$M=3.76$, $SD=1.51$）で有意差は認められなかった（$t(499)=0.86$, ns）。Marsh et al.（2013）によって行われた検討

Table 2 パッション尺度日本語版の因子分析の結果ならびに基礎統計量

項目	因子 I	因子 II	M	SD
I．強迫性パッション（$\alpha = .81$）				
12. この活動に支配されているような印象がある。 (I have the impression that my activity controls me.)	.79	-.17	3.25	2.15
9. できることなら，この活動だけをしていたい。 (If I could, I would only do my activity.)	.65	.03	3.58	2.24
4. この活動に対して，執着心に近い感覚を持っている。 (I have almost an obsessive feeling for this activity.)	.65	.09	4.48	1.94
11. この活動にわくわくしすぎて，時々我を忘れてしまうほどだ。 (This activity is so exciting that I sometimes lose control over it.)	.64	.05	4.20	2.03
2. この活動をしたいという衝動をコントロールすることは難しい。 (I have difficulties controlling my urge to do my activity.)	.58	-.02	3.86	2.01
7. この活動だけが，私を夢中にさせる唯一のものだ。 (This activity is the only thing that really turns me on.)	.57	.12	2.96	2.01
II．調和性パッション（$\alpha = .80$）				
10. この活動は，私の他の生活の一部分と調和している。 (My activity is in harmony with other things that are part of me.)	.03	.76	4.76	1.74
8. この活動は，私の生活の中にうまく組み込まれている。 (My activity is well integrated in my life.)	-.05	.75	4.96	1.74
1. この活動は，私の生活の中の他の活動と調和している。 (This activity is in harmony with the other activities in my life.)	-.11	.75	4.81	1.85
6. この活動は，多様な経験を可能にさせてくれる。 (This activity allows me to live a variety of experiences.)	.04	.51	4.98	1.85
3. この活動での新たな発見によって，この活動がより価値のあるものだと思える。 (The new things that I discover with this activity allow me to appreciate it even more.)	.11	.48	5.24	1.72
5. この活動は，自分の良いところを反映している。 (This activity reflects the qualities I like about myself.)	.09	.47	4.18	1.88
II因子との相関		.24		
累積寄与率	26.78	43.58		

注）$N=495$。

においても性差は確認されておらず，先行研究と一致する結果となった。

活動内容の差　パッション尺度日本語版の調和性パッションと強迫性パッションについて，Table 1 の活動内容ごとにそれぞれの値の平均値を算出し，9 群間の平均値の差の検定を行った。検定の結果，調和性パッションについて，5％水準で有意な差が認められ（$F(8,490)=3.51, p<.05$），Tukey HSD 法の多重比較の結果，「読書」にパッションを向ける群よりも，「集団スポーツ」や「芸術」，「対人関係」にパッションを向ける群のほうが，平均値が 5％水準で有意に高かった。強迫性パッションの得点についても，5％水準で有意な差が認められ（$F(8,494)=4.04, p<.05$），Tukey HSD 法の多重比較の結果，「仕事／学業」や「対人関係」にパッションを向ける群よりも，「受身的余暇」にパッションを向ける群のほうが，平均値が 5％水準で有意に高く，「仕事／学業」にパッションを向ける群よりも，「読書」にパッションを向ける群のほうが，平均値が 5％水準で有意に高かった。

　一部の活動と比較して，「集団スポーツ」「芸術」「対人関係」といった能動的な要素が大きい活動は，調和性パッションが高く，「受身的余暇」や「読書」といった受動的な要素が大きい活動は，強迫性パッションが高かった。調和性パッションは，活動へのパッションがその人のアイデンティティに自律的に内在化されることで生じ，強迫性パッションは，活動へのパッションがその人のアイデンティティに他律的に内在化されることで生じる（Marsh et al., 2013）。自律的内在化に影響を与える要因としては，自律性支援，組織的支援，課題の自律性などがある（Vallerand, 2015）。すなわち，能動的な要素が大きい活動においては，その人の自律性を促すような周囲からの支援があったり，チームや組織の中で適切な評価をされたり，課題に取り組む際の方法や手順を自分で自由に決められたりすることで，パッションが自律的に内在化され，調和性パッションが高くなったと考えられる。

　一方，受動的な要素が大きい活動においては，その人の自律性を促すような周囲からの支援がなかったり，チームや組織で活動に従事することが少な

く，適切な評価をされなかったり，課題に取り組む際の方法や手順が限られていたりすることで，パッションが他律的に内在化され，強迫性パッションが高くなったと考えられる。

活動選択の性差　パッションを向ける活動について自由記述で回答を求めた活動を Vallerand et al.（2003）の分類に基づき9種類に分類した（Table 1）。それらの活動の男女差について検討した。カイ2乗検定の結果，有意な差が認められた（$\chi^2(8) = 19.623$, $p < .05$）。続いて残差分析を行った結果，パッションを向ける活動として，「集団スポーツ」と「仕事／学業」を選択する者は男性のほうが多く，女性のほうが少ないことが明らかになった。一方で，パッションを向ける活動として，「受身的余暇」を選択する者は女性のほうが多く，男性のほうが少ないことが明らかになった。

内的整合性の検討　パッション尺度日本語版の信頼性を検討するために，Chronbach の α 係数を算出した。その結果，調和性パッション（$\alpha = .80$）と強迫性パッション（$\alpha = .81$）のそれぞれの尺度の内的整合性が確認された。

基準関連妥当性の検討　パッション尺度日本語版の基準関連妥当性を検討するために，調和性パッションおよび強迫性パッションと，パッションの基準5項目，ほかの尺度の間で相関分析を行った。2つのパッションとパッション基準のそれぞれの項目との相関分析の結果を Table 3 に，ほかの尺度との分析の結果を Table 4 に示す。

まず，パッション基準の各項目との相関係数は，調和性パッションでは $r = .16$ — $.40$ でいずれも $p < .01$，強迫性パッションでは $r = .10$ — $.54$ で項目14のみ $p < .05$ で他は $p < .01$ であり，それぞれの項目に対して有意な正の相関を示していた。中国版（Zhao et al., 2015）では，学業をパッションの対象とした調査を行い，パッション基準の各項目と2つのパッションとの間の相関係数を算出したところ，調和性パッションは $r = .32$ — $.62$，強迫性パッションでは $r = .13$ — $.55$ であった。調和性パッションの相関の値が，中国版の値よりも低い値となったが，Marsh et al.（2013）の調査では，2つのパッショ

Table 3 パッション基準の基礎統計量および調和性パッション／強迫性パッションとの相関係数

項目	M	SD	N	HP	OP
パッション基準					
13. この活動に多くの時間を費やしている。 (I spend a lot of time doing this activity.)	4.70	1.93	508	.15**	.54**
14. この活動が好きだ。 (I like this activity.)	6.58	0.80	508	.24**	.10*
15. この活動は，私にとって重要である。 (This activity is important for me.)	6.18	1.09	508	.40**	.26**
16. この活動は，情熱をかきたてるものである。 (This activity is a passion for me.)	5.35	1.71	508	.37**	.29**
17. この活動は，私らしさの一部分である。 (This activity is part of who I am.)	5.49	1.60	508	.39**	.30**

注）HP は調和性パッション，OP は強迫性パッションを示す。

ンとパッション基準のそれぞれの項目との相関係数の大きさが，活動内容によって異なるという結果が示されているため，活動内容の違いが影響した可能性がある。

さらに，調和性パッションでは，活動中のポジティブ感情（$r=.30$, $p<.01$）と活動後のポジティブ感情（$r=.22$, $p<.01$），フローのうち，挑戦（$r=.33$, $p<.01$），自信（$r=.43$, $p<.01$），没入（$r=.14$, $p<.01$），集中（$r=.15$, $p<.01$），well-being（$r=.29$, $p<.01$）との間にそれぞれ有意な正の相関を示していた。また，活動後のネガティブ感情（$r=-.19$, $p<.01$），抑うつ（$r=-.22$, $p<.01$）との間にそれぞれ有意な負の相関が認められた。強迫性パッションについては，活動中のネガティブ感情（$r=.25$, $p<.01$）と阻害時のネガティブ感情（$r=.23$, $p<.01$），恥（$r=.18$, $p<.01$），不安（$r=.24$, $p<.01$），抑うつ（$r=.20$, $p<.01$）との間にそれぞれ有意な正の相関を示していた。

しかし，強迫性パッションと活動中のポジティブ感情（$r=.19$, $p<.01$），阻害時のポジティブ感情（$r=.23$, $p<.01$），フローの下位尺度の内，没入（r

Table 4 各尺度の記述統計量と調和性パッション／強迫性パッションとの相関係数と偏相関係数

尺度	M	SD	N	α	HP		OP	
					r	pr^a	r	pr^a
ネガティブ感情								
活動中	2.22	1.04	504	.87	.02	-.03	.25**	.25**
活動後	1.56	0.76	258	.88	-.19**	-.21**	.03	.08
活動阻害	2.68	1.04	245	.81	.07	.02	.23**	.22**
ポジティブ感情								
活動中	3.89	1.03	496	.85	.30**	.26**	.19**	.13**
活動後	3.21	1.15	257	.85	.22**	.21**	.06	.01
活動阻害	1.64	0.78	245	.85	.06	.02	.18**	.17**
フロー								
挑戦	4.51	1.86	507	$r = .73^b$	.33**	.32**	.07	.00
自信	4.70	1.19	504	.73	.43**	.43**	.05	-.04
没入	5.62	0.97	507	.64	.14**	.03	.49**	.47**
恥	1.40	0.49	498	.94	-.05	-.10*	.18**	.20**
不安	1.37	0.42	499	.82	.03	-.01	.24**	.27**
集中	2.21	0.73	503	.90	.15**	.15**	.01	-.01
抑うつ	0.66	0.46	493	.87	-.22**	-.28**	.20**	.26**
well-being	3.90	1.35	505	.85	.29**	.32**	-.05	-.13**

注）HP は調和性パッション，OP は強迫性パッションを示す。r は相関係数を，pr は偏相関係数を示す。^{a}HP（OP）と各尺度の偏相関（pr）は，OP（HP）を制御した。^{b}フローの下位尺度である挑戦は，2項目で構成されているため，2項目間の相関係数を算出した。
**$p<.01$, *$p<.05$

= .49, $p<.01$) に関しては，予想と異なる結果となった。

　まず，強迫性パッションと活動中のポジティブ感情が正の相関を示していたことについて，先行研究では，ゲームに対するパッションにおいて，強迫性パッションと活動中のポジティブ感情との間に正の相関が認められたことが報告されている（Lafrenière et al., 2009）。さらに，原版（Vallerand et al., 2003）と活動内容を比較すると，調査1では，ゲームなどを含む受け身的余暇の割合が高いことが分かっている。今回の調査ではゲームを含む受け身的余暇に対してパッションを向けたサンプルが多かったため，強迫性パッショ

ンが活動中のポジティブ感情と正の相関を示した可能性がある。そこで，受身的余暇にパッションを向けたサンプルと，それ以外の活動にパッションを向けたサンプルによる，強迫性パッションとポジティブ感情との間の相関係数を算出した。すると，受身的余暇にパッションを向けたサンプルにおいて，有意な正の相関（$r = .40, p < .01$）が示されたが，それ以外の活動にパッションを向けたサンプルでは，有意な相関が示されなかった（$r = .10, ns$）。よって，調査1のサンプルで強迫性パッションと活動時のポジティブ感情が正の相関を示したことには，受身的余暇にパッションを向けたサンプルが多かったことが影響していたと考えられる。

　強迫性パッションと阻害時のポジティブ感情が正の相関を示したことについては，先行研究でも指摘されていない。正の相関を示した理由として，強迫性パッションによって引き起こされる活動状態にはネガティブ感情が伴っており，活動が阻害されたことで，安心などのポジティブ感情が高まったのではないかと考えられる。パッションの違いによって生じる感情状態の質の違いについては，先行研究でも，強迫性パッションはプライドなどの自己関連のポジティブ感情の高さと関連していることが指摘されている（Vallerand et al., 2008b）。2つのパッションで生じる感情状態の質の違いがあるため，活動が阻害されることで生じたポジティブ感情は，調和性パッションの高さと関連を示しているポジティブ感情と質的に違う可能性がある。日本語版PANAS（佐藤・安田，2001）は，ポジティブ感情を1因子で測定する尺度であるため，感情を詳細に測定することができなかった。今後は多面的に感情を評価する尺度を使用することで，2つのパッションによって生じるポジティブ感情の質の違いを明らかにすることが可能になると考えられる。

　また，強迫性パッションは，フローの下位尺度の内，没入の高さとのみ関連を示していた。これは，強迫性パッションと没入が，ともに統制を失った状態であるという特徴が共通するため，関連を示したのではないかと考えられる。先行研究でも，強迫性パッションが，フローの下位尺度の内，統制力

の低さと関連していることが報告されている（Mageau et al., 2005）。このことから，強迫性パッションが関連したのは，フローという概念の統制力に関わる部分のみであり，調和性パッションと比べると強迫性パッションは心理的適応を生じさせにくいのではないかと考えられる。しかし，没入することによって，困難な課題を乗り越えられるなど，特定の条件下によるパフォーマンスの向上が見られる可能性があり，そうした場合，強迫性パッションのほうが適応的に機能するかもしれない。この点については今後の検討が必要である。

　強迫性パッションで，阻害時のポジティブ感情，活動中のポジティブ感情，没入に関して，予想していなかった正の相関関係が認められたが，ほかの変数との相関は予想と一致するものであった。このことより，十分な基準関連妥当性が確認されたと判断した。

調査2

　調査2では，パッション尺度日本語版の再検査信頼性について検討した。3週間間隔の質問紙調査を行い，2時点間の級内相関係数を算出し，再検査信頼性を検討した。

方法

　参加者　国立大学の大学生に3週間間隔の質問紙調査を行った。調査回答者は，Time1では120名，Time2では110名であった。そのうち，両方の調査に参加し，なおかつ，パッション基準の平均値が4以上，Time1とTime2で同じ活動を記述した63名（男性39名，女性24名，平均年齢19.04±1.47歳）を分析対象者とした。

　手続き　授業担当者の同意を得た後，授業の前後等を用いて調査を行った。2016年10月下旬に1度目の調査をし，3週間後の11月中旬に，同じ授業の調査回答者に調査を実施した。倫理的配慮として，無記名式で行い，調査時に

は，調査への回答は任意であること，目的や個人情報の保護など研究の趣旨や守秘義務についての説明を行った。なお，調査1は著者が所属する大学の倫理委員会による審査によって承認を受けた。

調査内容　1時点，2時点とも，調査1で使用したパッション尺度日本語版を使用した。

結果と考察

　再検査信頼性を検討するため，パッション尺度日本語版の調和性パッション，強迫性パッション，パッション基準の各合計得点について2時点間の級内相関係数（Interclass Correlation Coefficient: 以下，ICCとする）を算出した。結果，調和性パッション（ICC(1, 2) = .75，95%CI = [.58, .85]），強迫性パッション（ICC(1, 2) = .71，95%CI = [.52, .82]），パッション基準（ICC(1, 2) = .72，95%CI = [.54, .83]）は十分な再検査信頼性を示していた。

　調査1では，探索的因子分析によって修正版（Marsh et al., 2013）と同じ2因子構造が認められ，確認的因子分析の結果，構造的側面の妥当性が確認された。さらに，パッションの二元モデルから想定される概念について，先行研究を参考に相関関係を検討した。強迫性パッションと，活動が阻害された時のポジティブ感情と活動中のポジティブ感情，フローの下位尺度である没入の高さとの関連については予想と異なる結果が示された。活動が阻害された時のポジティブ感情については，体験されるポジティブ感情の質が，調和性パッションで生じるものとは異なる可能性が示された。また，活動中のポジティブ感情については，活動内容の違いによる影響の可能性が指摘された。さらに，没入については，フローという概念の統制力に関わる部分が強迫性パッションと共通するため，関連を示したことが推測された。ほかの側面については予想通りの関連が認められ，パッション尺度日本語版の基準関連妥当性が確認された。また，内的整合性と調査2における再検査信頼性の値から，尺度の信頼性についても確認された。以上の結果から，十分な信頼性と

妥当性を備えたパッション尺度日本語版が作成されたと判断した。

調査1と2の考察

　研究1では，Passion scale（Marsh et al., 2013）の日本語版を作成し，パッション尺度日本語版の信頼性と妥当性の検討を行った。

　調査1では，探索的因子分析によって修正版（Marsh et al., 2013）と同じ2因子構造が認められ，確認的因子分析の結果，構造的側面の妥当性が確認された。さらに，パッションの二元モデルから想定される概念について，先行研究を参考に相関関係を検討した。強迫性パッションと，活動が阻害された時のポジティブ感情と活動中のポジティブ感情，フローの下位尺度である没入の高さとの関連については予想と異なる結果が示された。活動が阻害された時のポジティブ感情については，体験されるポジティブ感情の質が，調和性パッションで生じるものとは異なる可能性が示された。また，活動中のポジティブ感情については，活動内容の違いによる影響の可能性が指摘された。さらに，没入については，フローという概念の統制力に関わる部分が強迫性パッションと共通するため，関連を示したことが推測された。ほかの側面については予想通りの関連が認められ，パッション尺度日本語版の基準関連妥当性が確認された。また，内的整合性と調査2における再検査信頼性の値から，尺度の信頼性についても確認された。以上の結果から，十分な信頼性と妥当性を備えたパッション尺度日本語版が作成されたと判断した。

　今後の課題として，第1に，パッションが個人の様々な適応と不適応に与える影響について検討することが挙げられる。パッションはヘドニックなwell-beingとユーダイモニックなwell-beingの双方に影響を与え，調和性パッションを促進することはwell-beingを維持していくことに重要であると考えられている（Vallerand, 2012）。また，特に心理的不適応を促すものとして依存と強迫性パッションとの関連（Wang & Chu, 2007）についても，詳細な検討が今後な検討が必要である。この点については研究2，研究3で取り

扱う。

　第2に，パッションとほかの変数との因果関係の検討が挙げられる。研究1は横断研究であったので，因果関係については不明である。パッションは特定の活動に対して継続的に向けられるものであり，well-being の維持に重要な概念であると考えられているため（Vallerand, 2015），1時点の調査では影響を測定するのに限界がある。今後は2時点や3時点での縦断調査を実施することで，パッションとほかの変数との因果関係や，長期間で生じる影響についても検討が可能になると考えられる。この点については研究3で取り扱う。

第4章　パッションが心理的適応と不適応に与える影響

第1節　【研究2】　パッションがスマートフォン依存，精神的健康，不眠傾向に与える影響

問題と目的

　我が国では13-19歳で79.5パーセント，20代で94.5パーセントがスマートフォン（以下スマホ）を使用している（総務省，2018）。青少年におけるスマホ使用の拡大は，問題のあるスマホ使用の増加をもたらしてもいる。問題のあるスマホ使用によって生じるスマホ依存は，スマホの長時間の使用（Cha & Seo, 2018）との関連が認められている。

　しかし，長時間の使用であっても問題のあるスマホ使用とならない場合もある。スマホの使い方によっては，精神的健康（Chen, Mark & Ali, 2016）や身体的健康（Bert, Giacometti, Gualano, & Siliquini, 2014）が高まることが指摘されている。こうした適切なスマホ使用と問題のあるスマホ使用とを区別することで，スマホ使用者に対し，より効果的に心理教育的援助サービスを提供できると考えられる。一方，依存などの基準によっては，問題のない高い関与の状態と機能不全の状態とを明確に区別することができないことが指摘されており（Charlton & Danforth, 2007; Griffiths et al., 2016），スマホ依存の基準によって，適切なスマホ使用と問題のあるスマホ使用とを区別することは難しい。そこで，インターネット使用（Naydanova & Beal, 2016）やゲーミング（Kneer & Rieger, 2015）において，適切な使用と問題のある使用とを分かつ要因として取り上げられてきたパッションに着目する。

第1章でも述べたように，実証的な研究でも，調和性パッションと強迫性パッションは異なる結果を生じさせている。つまり，調和性パッションと強迫性パッションはともにスマホ使用を促すが，調和性パッションはスマホ使用による不適応的な結果を予防し，さらには適応的な結果をもたらし，強迫性パッションは不適応的な結果を生じさせると考えられる。しかし，スマホ使用に対するパッションに関する研究は行われておらず，スマホ使用に対するパッションと問題のあるスマホ使用によって生じるスマホ依存，精神的健康の低下，不眠傾向との関連についても検討されていない。

　以上より，研究2では，スマホ使用に対するパッションが適切なスマホ使用と問題のあるスマホ使用とを区別することができるかを明らかにするために，調和性パッションと強迫性パッションが，スマホ依存，精神的健康，不眠傾向に与える影響について検討することを目的とする。

方法

調査対象および調査時期

　関東地方の国立大学1校の大学生537名を対象に調査を行った。2017年12月から2018年2月に実施した。授業担当者の同意を得た後，授業の前後等を用いて調査を行った。倫理的配慮として，無記名式で行い，調査時には，調査への回答は任意であること，個人情報の保護，研究の目的や趣旨，守秘義務についての説明を行った。なお，研究の実施にあたっては，著者が所属する大学の研究倫理委員会の承認を得た。

質問紙の構成

　スマホの使用状況については，スマホ使用の有無，1日の使用時間，使用年数，使用頻度の高いアプリケーション，1日の電話・メール・インターネットの使用時間，1ヵ月のアプリケーションに使用する費用，深夜使用時間，寝床使用時間について回答を求めた。

パッションの測定は，パッション尺度日本語版の調和性パッション 6 項目，強迫性パッション 6 項目，パッション基準 5 項目を使用した。なお，本研究では，スマホ使用に対するパッションについて回答を求めた。評定は「全く当てはまらない」から「非常によく当てはまる」の 7 段階評定法で行った。Cronbach の α 係数は，調和性パッションは .82，強迫性パッションは .79，パッション基準は .82 であった。

不眠傾向の測定は，Pittsburgh Sleep Quality Index の日本語版（土井・簑輪・内山・大川，1998）を用いた。過去 1 ヵ月の主観的な睡眠の質（睡眠の質），就床してから入眠するまでの時間（入眠時間），睡眠時間，就床時間に占める睡眠時間の割合（睡眠効率），睡眠困難の理由 9 項目の頻度（睡眠困難），眠剤の使用，日中覚醒困難の発生頻度と生活意欲（日中の覚醒困難）の 7 要素，計 18 項目で構成されている。本研究では，各要素得点の加算平均を不眠傾向の得点として使用した。α 係数は，.53 であった。

スマホ依存の測定は，Japanese version of smartphone dependence scale （Ezoe et al., 2016）の渇望と離脱の 10 項目（例：スマホを忘れたり，使用できなかったりすると不安になる），過剰使用と我慢の 8 項目（例：スマホを使用する時間がだんだん長くなってきている），仮想生活志向の 6 項目（例：現実の会話よりも，スマホでのコミュニケーションの方が楽しい），集中力の乱れの 2 項目（例：授業中に，必要な場合以外にスマホを使用することがある），身体症状の 3 項目（例：スマホを使いすぎて，頭痛がすることがある）を用いた。評定は，「全く該当しない」から，「該当する」の 4 段階評定で行った。α 係数は，渇望と離脱では .84，過剰使用と我慢は .85，仮想生活志向は .79，身体症状は .66 であった。集中力の乱れは 2 項目だったため，相関係数を算出したところ $r = .61$ （$p < .01$）であった。

人生満足度の測定は，the Satisfaction With Life Scale 日本語版（大石，2009）の計 5 項目を使用した。評定は，「全く当てはまらない」から「非常によく当てはまる」の 7 段階評定で行い，現在の人生満足度について回答を

求めた。α係数は，.86であった。

不安の測定は，状態一特性不安尺度（清水・今栄，1981）の特性の20項目を使用した。評定は，「まったくそうでない」から「そうである」の4段階評定法で行った。普段の不安状態について回答を求めた。α係数は，.78であった。

抑うつの測定は，ベック抑うつ尺度の日本語版（林・瀧本，1991）の21項目を使用した。評定は4段階評定で行った。最近の抑うつ状態について回答を求めた。α係数は，.86であった。

結果

分析対象は，スマホ使用者511名のうち，パッション，スマホ依存，精神的健康，不眠傾向に関する項目に欠損値のある回答者を除外した420名（男性203名，女性212名，不明5名，平均年齢19.46±1.58歳）とした。以下，データの分析はSPSSによって行った。分析対象者のスマホ使用の状況をTable 5に示す。

スマホ使用に対するパッションと各変数との関連を検討するため，相関分析を実施した（Table 6）。スマホ使用に対するパッションとスマホ使用状況（1日の使用時間，使用年数，1日の電話・メール・インターネットの使用時間，1か月のアプリケーションに使用する費用，深夜使用時間，寝床使用時間）との間の関連については，調和性パッションと，寝床使用傾向（$r=.17$, $p<.01$）との間，強迫性パッションと，1日の使用時間（$r=.32$, $p<.01$），電話使用時間（$r=.11$, $p<.05$），メール使用時間（$r=.11$, $p<.05$），ネット使用時間（$r=.32$, $p<.01$），深夜使用傾向（$r=.31$, $p<.05$），寝床使用傾向（$r=.33$, $p<.01$）との間に相関がみられた。スマホ使用に対するパッションとスマホ依存との間の相関については，調和性パッションと，渇望と離脱（$r=.27$, $p<.01$），過剰使用と我慢（$r=.10$, $p<.05$），との間に相関がみられた。また，強迫性パッションと渇望と離脱（$r=.54$, $p<.01$），過剰使用と我慢（$r=.63$, $p<.01$），

Table 5 分析対象者のスマホ使用の状況

	N	M	SD
性別			
男性	212		
女性	203		
未回答	5		
年齢	417	19.46	1.58
1日の使用時間	408	3.92	2.28
使用年数	415	4.29	1.35
電話使用時間	394	0.34	1.87
メール使用時間	394	0.45	1.04
ネット使用時間	402	2.41	2.01
アプリの費用	360	595.27	2097.79
深夜使用時間			
ほとんど使わない	31		
1時間未満	145		
1時間から2時間	182		
2時間から3時間	45		
3時間以上	14		
寝床使用時間			
ほとんど使わない	113		
1時間未満	203		
1時間から2時間	72		
2時間から3時間	20		
3時間以上	7		

仮想生活志向（$r=.39, p<.01$），集中力の乱れ（$r=.38, p<.01$），身体症状（$r=.38, p<.01$）との間に相関がみられた。スマホ使用に対するパッションと精神的健康（不安，抑うつ，人生満足度），不眠傾向との間の相関については，調和性パッションと，不安（$r=.11, p<.05$）との間に相関がみられた。また，強迫性パッションと，不安（$r=.40, p<.01$），抑うつ（$r=.32, p<.01$），人生満足度（$r=-.17, p<.01$）不眠傾向（$r=.35, p<.01$）との間に相関がみられた。

スマホ使用に対するパッションがスマホ依存，精神的健康，不眠傾向に与

Table 6 各変数間の相関係数

	M	SD	1	2	3	4	5	6	7	8	9	10	11
1 調和性パッション	3.78	1.13											
2 強迫性パッション	2.49	1.14	.28**										
3 パッション基準	3.22	1.24	.56**	.62**									
4 渇望と離脱	1.14	0.60	.27**	.54**	.56**								
5 過剰使用と我慢	1.61	0.69	.10*	.63**	.50**	.63**							
6 仮想生活思考	0.46	0.50	.03	.39**	.30**	.53**	.43**						
7 集中力の乱れ	1.43	0.94	.06	.38**	.24**	.44**	.47**	.22**					
8 身体症状	0.57	0.66	-.04	.38**	.21**	.40**	.47**	.47**	.18**				
9 不安	1.50	0.40	.11**	.40**	.34**	.35**	.41**	.27**	.14**	.23**			
10 抑うつ	0.48	0.41	-.05	.32**	.23**	.26**	.25**	.34**	.06	.34**	.39**		
11 人生満足感	4.34	1.24	.06	-.17**	-.15**	-.14**	-.08	-.25**	.01	-.20**	-.14**	-.65**	
12 不眠傾向	0.76	0.35	-.02	.35**	.15**	.23**	.31**	.26**	.09	.26**	.30**	.42**	-.28**

**$p<.01$. *$p<.05$

Table 7 スマホ依存, 精神的健康, 不眠傾向を目的変数, パッションを説明変数とする重回帰分析

	スマホ依存					精神的健康			不眠傾向
	渇望と離脱	過剰使用と我慢	仮想生活志向	集中力の乱れ	身体症状	不安	抑うつ	人生満足度	
調和性パッション	.12**	-.09*	-.88**	-.53**	-.16**	.00	-.15**	.12*	-.13**
強迫性パッション	.51**	.66**	.42**	.40**	.42**	.40**	.36**	-.21**	.39**
R^2	.31**	.41**	.16**	.15**	.16**	.16**	.12**	.04**	.14**

**$p<.01$, *$p<.05$

える影響について検討するために，調和性パッションと強迫性パッションを説明変数，スマホ依存，精神的健康，不眠傾向を目的変数とする重回帰分析（強制投入法）を行った（Table 7）。その結果，すべての目的変数で R^2 が有意となった。調和性パッションと強迫性パッションが目的変数に与える影響に関しては，Table 7 より，調和性パッションから，渇望と離脱（$\beta=.12$, $p<.01$），過剰使用と我慢（$\beta=-.09$, $p<.05$），仮想生活志向（$\beta=-.88$, $p<.01$），集中力の乱れ（$\beta=-.53$, $p<.01$），身体症状（$\beta=-.16$, $p<.01$），抑うつ（$\beta=-.15$, $p<.01$），人生満足度（$\beta=.12$, $p<.05$），不眠傾向（$\beta=-.13$, $p<.01$），へのパスが有意であった。一方，強迫性パッションから渇望と離脱（$\beta=.51$, $p<.01$），過剰使用と我慢（$\beta=.66$, $p<.01$），仮想生活志向（$\beta=.42$, $p<.01$），集中力の乱れ（$\beta=.40$, $p<.01$），身体症状（$\beta=.42$, $p<.01$），抑うつ（$\beta=.40$, $p<.05$），不安（$\beta=.36$, $p<.01$），人生満足度（$\beta=-.21$, $p<.01$），不眠傾向（$\beta=.39$, $p<.01$）へのパスが有意であった。

考察

研究2では，スマホ使用に対するパッションが，スマホ依存，精神的健康，不眠傾向に与える影響について検討することを目的とした。その結果，調和性パッションはスマホ依存の一部の変数と不眠傾向に負の影響，精神的健康に正の影響を与え，強迫性パッションはスマホ依存と不眠傾向に正の影響，

精神的健康に負の影響を与えることが明らかになった。

　スマホ使用に対するパッションからスマホ依存への影響については，調和性パッションは渇望と離脱を除くスマホ依存の変数に対して負の影響を示していた。特に，仮想生活志向と集中力の乱れに対しては，比較的強い影響を示し，渇望と離脱に対しては，数値としては低いものの有意な正の影響を示していた。一方で，強迫性パッションはすべてのスマホ依存の変数に対し正の影響を示していた。先行研究では，調和性パッションは依存を抑制し，強迫性パッションは依存を促進していたが（Wang & Chu, 2007），調和性パッションと強迫性パッションは，共に活動に対する強い意向を示すものであるため（Vallerand et al., 2003），調和性パッションについても依存の症状を部分的に高める影響を示した可能性がある。しかし，調和性パッションは仮想生活志向と集中力の乱れを強く抑制していたため，調和性パッションが高く，スマホ使用の欲求を統制できる人はスマホを介した仮想生活に没入しにくく，現実生活の集中困難も少ないことが予想されるため，スマホ使用による現実生活の支障にはつながりにくいと考えられる。一方で，強迫性パッションが高く，スマホ使用の欲求を統制できない人は，スマホ依存に陥りやすいことが予想される。

　パッションから精神的健康への影響については，調和性パッションは数値としては低いものの人生満足度に有意な正の影響，抑うつに負の影響を示していた。一方，強迫性パッションは，不安，抑うつに正の影響，人生満足度に負の影響を示していた。これは，調和性パッションが精神的健康を高め，強迫性パッションがそれを低下させるという先行研究（Birkeland & Buch, 2015; Vallerand et al., 2006; Verner-Filion et al., 2014）とも一致するものであり，調和性パッションが高くスマホ使用の欲求を統制できる人は，スマホ使用によって精神的健康を高めることができるが，強迫性パッションが高くスマホ使用の欲求を統制できない人は，スマホ使用によって精神的健康を低めてしまう可能性がある。

スマホ使用に対するパッションから不眠傾向への影響については，調和性パッションは数値としては低いものの不眠傾向に負の影響，強迫性パッションは不眠傾向に正の影響を示していた。Carbonneau et al.（2010）では，ヨガに対する調和性パッションは不眠傾向を含む身体に生じる問題を抑制することを報告しているが，本研究では，先行研究とは異なり，調和性パッションは不眠傾向を抑制せず，強迫性パッションは不眠傾向を促進していた。これは，パッションを向ける活動の内容によっては，身体に生じる問題も異なるためだと考えられる。スマホ使用においては，スマホなどの液晶画面から発せられるブルーライトは，睡眠に影響を与えることが指摘されている（Chang, Aeschbach, Duffy, & Czeisler, 2015）。そのため，強迫性パッションが高く，スマホ使用の欲求を統制できない人は，長時間の使用や夜間の閲覧など睡眠に影響を与えるスマホ使用が多くなってしまい，その結果，不眠傾向が高まることが推測される。

　以上，本研究によって，スマホ使用に対するパッションについて，調和性パッションがスマホ依存と不眠傾向を抑制し精神的健康を高め，強迫性パッションがスマホ依存や不眠傾向を促進し精神的健康を低下させる可能性が示された。このことは，調和性パッションが適切なスマホ使用を促し，強迫性パッションが問題のあるスマホ使用を促すことを意味すると考えられる。

　今後の課題として，以下の3点が挙げられる。第1は，より低年齢層を対象とした調査を行うことである。年齢が低いほどスマホ依存になりやすく，スマホ依存は子供の精神と身体の発達に問題を生じさせることが指摘されている（Park & Park, 2014）。また，中学生では相談の決定と回避に状況の考慮が影響しており（永井・新井，2007），状況を問わず使用できるスマホの相談は有用と考えられるが，そのことは同時にスマホの使用頻度を増加させ，問題のあるスマホ使用が懸念される。したがって，問題のあるスマホ使用を改善するためには，小中高生などにも調査範囲を広げる必要がある。

　第2は，パッションの視点を加えたスマホ使用に対する心理教育の効果を

検討することである。例えば，パッションの視点から適切なスマホ使用者と問題のあるスマホ使用者とを区別して，実際の学校の現場においてそれぞれの使用者に対し異なる介入をし，より高い効果が得られるか検討する必要がある。

　第3に，縦断的検討を行うことである。本研究は横断調査による研究であるため，明確な因果関係は特定できない。そのため，縦断調査を行うことで，因果関係を明確にすることが必要である。

第2節　【研究3】　交差遅延モデルによるパッションと心理的適応の因果関係の検討

問題と目的

　第1章でも述べたように，パッションと well-being との関連について検討する際，well-being を快楽主義（hedonia）と幸福主義（eudaimonia）という大きく2つの観点からとらえて研究が行われきた。パッションと well-being との関連について，調和性パッションは well-being を高め，強迫性パッションは well-being を低めるということが示されている。そのため，パッションに着目した介入（Forest, Mageau, Crevier-Braud, Bergeron, Dubreuil, & Lavigne, 2012）や，支援の方法（Mageau, Vallerand, Charest, Salvy, Lacaille, Bouffard, & Koestner, 2009）に関する検討が行われている。一人ひとりのパッションを向ける活動を大切にし，その活動へのパッションに着目した教育や支援を行うことで well-being を高めることができる。例えば，学生の well-being を高めることによって，学業成績（Jarvela, 2011）や，社会的スキル，肯定的な自己評価が高まること（Tuominen-Soini, Salmela-Aro, & Niemivirta, 2012）から，パッションに着目した教育や支援は，学生の成長を促進し，学校で起きる様々な問題の予防にもつながるものと考えられる。

そこで本研究は，パッションとwell-beingとの因果関係を明らかにすることを目的とする。そのために，調和性パッションが主観的well-being，心理的well-being，本来感を高めるかどうか，強迫性パッションがそれらを低めるかどうか，3時点データを用いた交差遅延効果モデルにより検討する。交差遅延効果モデルは，2時点以上のデータにおける2つ以上の変数について，先の時点の変数から次の時点の変数へのすべての影響を同時に検討するものであり，これにより変数間の因果関係を明らかにする。なお，本研究では主観的well-beingについては，不安，人生満足度によって測定を行うこととする。

方法

調査対象，調査時期と倫理的配慮

　大学生を対象に，サークルや授業の前後等を用いて調査を行った。サークル代表者や授業担当者の同意を得た後に，調査を実施した。第1次調査（Time1）は2018年4月に大学生174名の回答を得た。その6ヵ月後，第2次調査（Time2）は2018年10月に大学生168名の回答を得た。その4ヵ月後，第3次調査（Time3）は2019年1月に大学生127名の回答を得た。倫理的配慮として，調査時には，無記名式で行い，調査への回答は任意であること，目的や個人情報の保護など研究の趣旨や守秘義務についての説明を行った。なお，調査回答者の対応付けのために，電話番号の下5桁の記入を求めた。最終的な調査回答者は大学生206名だった。なお，研究の実施にあたっては，著者が所属する大学の研究倫理委員会の承認を得た。

質問紙の構成

　パッション　パッション尺度日本語版の調和性パッション6項目（例：この活動は，私の生活の中にうまく組み込まれている），強迫性パッション6項目（例：この活動をしたいという衝動をコントロールすることは難しい），パッション

基準5項目（例：この活動に多くの時間を費やしている）を使用した。評定は「全く当てはまらない」から「非常によく当てはまる」の7段階評定法で行った。

本来感　本来感の測定は，本来感尺度（伊藤・小玉，2005）の計7項目を使用した。評定は，「当てはまらない」から「当てはまる」の5段階で行い，本来感を感じている個人の状態について回答を求めた。

不安　不安の測定は，Carbonneau et al.（2010）に倣い，状態－特性不安尺度（清水・今栄，1981）の特性の20項目を使用した。評定は，「まったくそうでない」から「そうである」の4段階評定法で行った。普段の不安状態について回答を求めた。

心理的 well-being　心理的 well-being の測定は，心理的ウェルビーイング尺度短縮版（岩野・新川・青木・門田・堀内・坂野，2015）の計24項目を使用した。本尺度は，岩野他（2015）によって，Ryff（1989）に基づく心理的 well-being 尺度（西田，2000）より作成された尺度の短縮版である。なお，Philippe et al.（2009）に倣い，下位尺度のうち，人格的成長，人生における目的，自己受容の合計得点を使用した。

人生満足度　人生満足度の測定は，Satisfaction With Life Scale 日本語版（大石，2009）の計5項目を使用した。評定は，「全く当てはまらない」から「非常によく当てはまる」の7段階評定で行い，現在の人生満足度について回答を求めた。

結果

以下，データの統計処理は SPSS および Amos によって行った。欠損値の処理については，記述統計量と相関分析はペアワイズ法，共分散構造分析では完全情報最尤推定法によって処理を行った。

分析対象者

参加者である大学生206名の内，パッション基準を用いて，Vallerand & Houlfort（2003）を参考に，Time1 から Time3 のすべての時点におけるパッション基準の加算平均が4以上であり，かつ，各3時点でパッションを向ける活動が同一であるサンプルを分析対象者とした。分析対象者は127名（女性51名，男性76名，平均年齢18.58±1.55歳）だった。

なお，パッションを向けた活動についての自由記述で回答したものは，著者と大学院生1名が独立して分類を行った。分類の評定者間一致率は，82.98%だった。その結果，個人・集団スポーツ（ジョギング，サイクリング，水泳，サッカー，テニスなど）は55.12%，受身的余暇（映画を見る，音楽を聴く，歌を歌うなど）は24.41%，音楽・芸術活動（ギターをする，ピアノを弾く，絵を描く，演劇をするなど）は7.87%，その他は12.6%だった。

3時点の各変数の基礎統計と尺度間相関

3時点の各尺度の平均値，標準偏差，α係数を Table 8 に，尺度間相関を Table 9 に示す。同一変数の Time1 と Time2，Time2 と Time3 の値には，有意な正の相関が示され，尺度の安定性が確認された。調和性パッションおよび強迫性パッションとそのほかの変数との関連について，Time1 の調和性パッションと Time2 のそのほかの変数との有意な相関，Time1 の強迫性パッションと Time2 の本来感との間に有意な正の相関が示された。Time2 の調和性パッションと，Time1 のそのほかの変数と有意な関連，Time3 の人生満足度，心理的 well-being，本来感との間に有意な正の相関が示された。Time2 の強迫性パッションと Time1 との間に有意な正の関連が示された。Time3 の調和性パッションと Time2 の本来感との間に正の相関，Time3 の強迫性パッションと Time2 の本来感との間に正の相関が示された。

Table 8　記述統計量とα係数

	N	M	SD	α
HP_T1	99	34.09	5.37	.71
OP_T1	98	21.62	7.93	.77
不安_T1	97	25.22	8.40	.84
人生満足度_T1	99	23.60	6.08	.87
PWB_T1	99	58.98	7.91	.83
本来感_T1	99	25.71	4.06	.68
HP_T2	98	34.15	5.67	.82
OP_T2	98	22.57	7.21	.69
不安_T2	98	23.91	8.60	.86
人生満足度_T2	98	23.85	5.43	.86
PWB_T2	97	57.62	7.81	.86
本来感_T2	95	26.05	3.47	.65
HP_T3	71	34.04	5.79	.86
OP_T3	72	24.08	7.85	.80
不安_T3	73	22.51	8.71	.86
人生満足度_T3	73	24.42	5.59	.86
PWB_T3	72	56.74	8.53	.87
本来感_T3	72	26.01	4.14	.73

注）HP＝調和性パッション；OP＝強迫性パッション；PWB＝心理的 well-being.

因果関係の検討

　調和性パッション，強迫性パッションがその後の不安，人生満足度，心理的 well-being，本来感に影響を及ぼすかどうかを明らかにするために，交差遅延効果モデルについて検討を行った。3時点における調和性パッション，強迫性パッションを投入したうえで，不安，人生満足度，心理的 well-being，本来感をそれぞれ別に投入した4つのモデルについて検討した。1時点目の変数と2時点目の変数の間と2時点目の変数と3時点目の変数の間に，自己回帰のパスと交差遅延のパスを引いた。なお，各モデルにおいて，自己回帰のパス，交差遅延のパス，切片，分散にそれぞれに等値制約を課した。等値制約を課すことにより，変数間の因果関係をより安定的に測定することが可

Table 9 各変数間の相関係数

	1	2	3	4	5	6	7	8	9	10	11	12	13	14	15	16	17
1 HP_T1																	
2 OP_T1	.39**																
3 不安_T1	-.30**	.02															
4 人生満足度_T1	.31**	.04	-.37**														
5 PWB_T1	.43**	.06	-.49**	.45**													
6 本来感_T1	.46**	.28**	-.58**	.56**	.77**												
7 HP_T2	.49**	.22	-.28*	.31**	.29**	.35**											
8 OP_T2	.42**	.65**	-.09	.16	.08	.34**	.47**										
9 不安_T2	-.28*	.01	.77**	-.30**	-.27**	-.13	-.30**	-.03									
10 人生満足度_T2	.38**	.06	-.40**	.78**	.51**	.44**	.43**	.18	-.52**								
11 PWB_T2	.40**	.16	-.48**	.49**	.64**	.39**	.50**	.28**	-.56**	.69**							
12 本来感_T2	.26*	.25*	-.26*	.25*	.31**	.43**	.44**	.36**	-.53**	.51**	.74**						
13 HP_T3	.28*	.16	-.17	.20	.23	.36**	.41**	.28*	.10	-.08	.08	.32*					
14 OP_T3	.16	.61**	.09	.00	-.03	.32*	.45**	.69**	.18	-.09	-.07	.33*	.54**				
15 不安_T3	-.36**	.05	.71**	-.32**	-.37**	-.19	-.02	.07	.70**	-.38**	-.54**	-.20	.02	.29*			
16 人生満足度_T3	.41**	.12	-.45**	.80**	.53**	.39**	.30*	.16	-.36**	.78**	.59**	.15	.30**	.08	-.41**		
17 PWB_T3	.34**	-.15	-.55**	.47**	.66**	.33**	.28**	-.04	-.38**	.43**	.68**	.27	.34**	-.08	-.62**	.59**	
18 本来感_T3	.44**	.21	-.41**	.50**	.48**	.67**	.27	.19	-.15	.35**	.43**	.60**	.50**	.32**	-.67**	.61**	.69**

注) HP＝調和性パッション；OP＝強迫性パッション；PWB＝心理的 well-being.
$**p<.01.$ $*p<.059$

Table 10 各モデルの適合度

モデル	Chi-square	p-value	df	CFI	RMSEA
不安	36.72	.05	24	.959	.065
人生満足度	47.37	.00	24	.932	.088
PWB	33.44	.10	24	.970	.056
本来感	39.13	.03	24	.946	.071

注）PWB＝心理的 well-being.

Table 11 パッションと well-being との間における標準化した交差遅延パス係数

	well-being			
	不安	人生満足度	PWB	本来感
HP → well-being	-.06	.20**	.16*	.16*
well-being → HP	-.03	.04	.12	.25**
OP → well-being	.06	.00	-.05	-.01
well-being → OP	.05	.03	-.10	.11

注）HP＝調和性パッション；OP＝強迫性パッション；PWB＝心理的 well-being.
**$p<.01$, *$p<.05$

能になる（高比良他，2006）。各モデルの適合度指標について Table 10 に示す。

調和性パッションおよび強迫性パッションと不安，人生満足度，心理的 well-being，本来感との間の交差遅延効果パスについての標準化係数を Table 11 に示す。調和性パッションから他の変数へのパスについては，人生満足度（$\beta=.20, p<.01$），心理的 well-being（$\beta=.16, p<.05$），本来感（$\beta=.16, p<.05$）に有意な正のパスが認められた。なお，本来感から調和性パッションに有意な正のパスが認められた（$\beta=.25, p<.01$）。強迫性パッションから他の変数へのパスと他の変数から強迫性パッションへのパスは，いずれも有意なパスは存在しなかった。

考察

本研究はパッションと well-being との因果関係を明らかにすることを目

的とし，調和性パッションおよび強迫性パッションと不安，人生満足度，心理的 well-being，本来感との間の因果関係を3時点データによる交差遅延効果モデルよって検討を行った。以下では，得られた結果について詳細に考察する。

　パッションと不安に関しては，調和性パッションとの間に有意な負の相関は認められたものの，交差遅延効果モデルにおいて調和性パッションと不安との間には有意なパスが認められなかった。また，強迫性パッションについては，有意な関連が示されなかった。これに関して，先行研究では，調和性パッションは問題解決コーピングを高め，回避コーピングを低めること，強迫性パッションは回避コーピングを高めることが指摘されており（Verner-Filion, Vallerand, Donahue, Moreau, Martin, Mageau, & Martin, 2014），パッションがこうしたコーピングを介して不安に影響を及ぼしている可能性も考えられる。

　パッションと人生満足度に関しては，交差遅延効果モデルにおいて調和性パッションから人生満足度に有意な正のパスが認められた。海外の先行研究では，調和性パッションが人生満足度を高めることが縦断調査によって示されており（Rousseau & Vallerand, 2008），本邦においても同様の関連が示された。一方，強迫性パッションと人生満足度との関連は認められなかった。先行研究では負の関連がある場合と関連がない場合があることが示されており（Carpentier et al., 2012; Vallerand, 2012），本研究の結果とも併せて考えると，強迫性パッションと人生満足度の直接の関連は調和性パッションと比べると比較的弱いものであると考えられる。

　パッションと心理的 well-being に関しては，交差遅延効果モデルにおいて調和性パッションから心理的 well-being に有意な正のパスが認められた。これにより，調和性パッションは心理的 well-being を高めることが確認された。一方，先行研究（Forest et al., 2011）とは異なり，強迫性パッションと心理的 well-being との関連は認められなかった。Forest et al.（2011）では仕事へのパッションについて検討していたが，仕事は1日の大半を占めるこ

とからも，時間的な部分のおいても人生において重要な部分となっており，従事する時間の長さが影響していた可能性がある。本研究では自由記述でパッションを向ける活動について回答を求めたが，今後は日常的にどの程度その活動に従事しているかということも考慮する必要があると考えられる。

　これまで未検討であった，パッションと本来感に関しては，交差遅延効果モデルにおいて調和性パッションと本来感は相互に有意な正のパスが認められた。このことから，調和性パッションから主観的 well-being と心理的 well-being の高次因子として位置づけられる本来感（伊藤・小玉，2005）にも影響を及ぼすことが示された。一方，本来感から調和性パッションにも交差遅延のパスが認められたが，本来感は自律性の高さと関連していることから（伊藤・小玉，2005，2006），本来感が高まることでパッションを向ける活動に対しても自律性が高まり，その活動に従事することと他の活動や生活との釣り合いをとることができる調和性パッションが高まった可能性がある。一方，強迫性パッションと本来感との間には正の相関が認められたが，交差遅延効果モデルにおいて有意なパスは認められず，因果関係を示す影響は認められなかった。

　以上，研究3の結果から，調和性パッションは，人生満足度，心理的 well-being，本来感を高め，また，本来感は調和性パッションを高めることが示唆された。先行研究においては，パッションと主観的 well-being との関係を支持する調査結果は示されていたが，心理的 well-being に関するものは少なく，また，多くは横断調査によるものであり，さらに本邦においては縦断調査が行われてこなかった。本研究の意義は，3時点データによる交差遅延効果モデルを用いて因果関係をより適切な方法で推定したこと，縦断的検討がなされていた主観的 well-being だけでなく，心理的 well-being，本来感といった多様な well-being に関連する変数を用いて，パッションと well-being との関連について検討した点にある。

　なお，本研究の結果からは，強迫性パッションから well-being への影響

が示されなかった。パッションは心理的な well-being だけでなく，身体的健康や，対人関係，パフォーマンス，社会への貢献という様々な適応的側面に影響を与えるという指摘（Vallerand, 2013）を踏まえると，強迫性パッションから他の適応的側面にも悪影響を及ぼさないかどうかについても検討をする必要があるだろう。

　本研究は，大学生が自由記述した好きな活動に対するパッションを測定したが，ある特定の活動に限定して調査を行い，検討した研究も存在する。よって，今後は選択される活動内容にも着目し，調和性パッションと強迫性パッションが well-being に及ぼす影響の差異が存在するかどうか検討する必要がある。また，本研究はあくまで質問紙調査による結果であるため，パッションと well-being との間の因果関係を推定するには，例えば，調和性パッションや強迫性パッションを高める実験操作を行う研究によるエビデンスの蓄積も必要になると考えられる。

第5章　パッションが認知に与える影響

第1節　【研究4】　パッションがCOVID-19の恐怖と精神的苦痛に及ぼす影響

問題と目的

　2020年,コロナウイルス感染症2019（COVID-19）はパンデミックと認定された。世間では,このパンデミックが生んだ危機的状況をコロナ禍と呼び,感染対策のために生活様式も一変した。たとえば,マスク着用,物理的距離,丁寧な手洗い,外出の自粛などである。これらは,人々を感染から守る一方で,生活を大きく制限したが,人々は,その中においても,様々な工夫を凝らしながらそれぞれのパッションを向けた活動に従事した。時に制限がかけられたり,代替的なものに取り組んだり,あるいは,制限を無視してコロナ禍以前と変わらず活動に従事することを選ぶ人もいた。

　パンデミック時には,パッションを向けた活動への取り組みが,災害ストレスや精神的苦痛に影響を与える可能性がある。特定のストレスの多い状況では,調和性パッションは状況を正確に認識することを促すことで適応的な結果につながる可能性が高いが,強迫性パッションは否定的な感情の増幅や状況の不適切な評価を促すことで,不適応な結果につながる可能性が高くなる。したがって,パッションの違いが,パンデミックで生じる災害ストレスや精神的苦痛に及ぼす影響を及ぼすことが予想される。

　研究4の目的は,パンデミックで生じる主要な災害ストレスとしてCOVID-19の恐怖に着目し,それとパッション,精神的苦痛,との関連を検

討することである。仮説として，調和性パッションはCOVID-19の恐怖や精神的苦痛と関連しないか，あるいは負の関連を持つと仮定した（仮説1）。第2に，強迫性パッションはCOVID-19の恐怖や精神的苦痛と正の相関を持つと仮定した（仮説2）。第3に，COVID-19の恐怖は精神的苦痛と正の関係を持つと仮定した（仮説3）。

方法

データセット

本研究では，Resilience to COVID-19 in each region（RE-COVER）project（Sugawara et al., 2021）の日本で調査したデータセットを使用した。このデータセットは，COVID-19パンデミック時の心理的レジリエンスを解明することを目的としたものである。2020年10月20日に，Questant（https://questant.jp）のオンライン調査フォームを用いて実施された。本調査は，ウェブサイトを通じて参加者を募集し，18歳以上の日本人を対象とした。参加者は322名（男性147名，女性167名，不明8名）だった。参加者の平均年齢は38.72歳（SD＝9.13，範囲＝19〜66歳）であった。調査時点の日本におけるCOVID-19感染者数は約93,480人，関連死者数は約1676人であった。研究計画および手順は，ヘルシンキ宣言の原則に従った。なお，本研究は筑波大学研究倫理委員会の審査を経て，実施した。

調査内容

COVID-19の恐怖　Fear of COVID-19 scale（Ahorsu et al., 2020）の日本語版（Masuyama, Shinkawa & Kubo, 2020）を使用し，COVID-19の恐怖を評価した。参加者は各項目について，「まったくあてはまらない」から「とてもよくあてはまる」までの5段階評価で回答する。得点が高いほど，COVID-19の恐怖が強いことを示す。本研究では，総得点が分析に用いられた。尺度は高い内的整合性（$\alpha = 0.87$）を示した。

パッション パッション尺度日本語版の調和性パッション6項目，強迫性パッション6項目，パッション基準5項目を使用した。評定は「全く当てはまらない」から「非常によく当てはまる」の7段階評定法で行った。調和性パッションの項目と強迫性パッションの項目はそれぞれ高い内的整合性を示した（調和性パッション：$\alpha=0.79$，強迫性パッション：$\alpha=0.83$）。

DASS-21 日本語版 Depression Anxiety Stress Scales-21（Lovibond & Lovibond, 1995）を用いて，精神的苦痛を測定した。先行研究では，パンデミック状況下での一般市民の精神的苦痛を測定するためにこの尺度が使用された（Wang et al., 2020）。尺度は21項目からなり，うつ，不安，ストレスの3つの下位尺度（各7項目）に分かれている。参加者は各項目について，1（まったくそうではない）から4（非常にそうである）の4段階で回答する。本研究では，各サブスケールの項目の合計点を分析に使用した。スコアが高いほど，精神的苦痛が大きい。尺度は，高い内的整合性を示した（$\alpha=0.85$）。

分析方法

構造方程式モデリングによる最尤法で仮説のモデルを検討した。本研究では，調和性パッション，強迫性パッション，COVID-19の恐怖，精神的苦痛という複数の潜在変数の関連について検討するが，測定された項目の数が多いため，サンプルサイズと推定パラメータ数の比に偏りが生じ，ひいては信頼性の低い結果につながる可能性があることから，パーセリングのアプローチを採用した。調和性パッション，強迫性パッションについては，Tóth-Király et al.（2019）と同様に，因子への負荷が最も大きい項目と負荷が最も小さい項目を集約して，それぞれ3つのパーセルを作成した（Little et al., 2002）。さらに，COVID-19の恐怖と精神的苦痛については，各尺度のサブスケールでパーセルを作成した。COVID-19への恐怖については，日本での先行研究（Masuyama et al., 2020）をもとに2つのパーセルを作成し，精神的苦痛についてはDASSの3つの下位尺度（うつ，不安，ストレス）をもとに3

つのパーセルを作成した。モデル評価では，CFI，TLI，RMSEA，SRMR を確認した。なお，良好なモデル適合のためには，CFI と TLI は0.90以上，RMSEA と SRMR は0.06以下であることが望ましいとされている（Kline, 2011; Tabachnick & Fidell, 2007）。

結果

分析対象者

年齢や性別を除き，質問紙に欠損値を含むサンプルを除外した322名のサンプルのうち，Vallerand & Houlfort（2003）や研究1に倣い，パッション基準の合計得点の平均4未満の値のサンプルは除外した。パッション基準は，パッションの定義に基づき，パッションが生じているかを判定するための項目になっている。この操作によって，パッションを持っているサンプルのみを分析対象者とした。なお，パッションが生じていたと判断されるサンプルは全体の74%だった。最終的に分析対象者としたのは239名（男性104名，女性134名，不明1名）だった。以下，データの統計処理は IBM SPSS Statistics バージョン25および IBM Amos Statistics バージョン25によって行った。

なお，パッションを向けた活動について自由記述で回答したものは，Balon, Lecoq, & Rimé（2013）の活動の分類に基づいて，分類を行った。その結果，映画鑑賞や音楽鑑賞などの受動的余暇は22.6%，友人との外出や家族との時間などの対人関係の活動が13.0%，ネットサーフィンやビデオゲームなどのマルチメディアが10.0%だった。

記述統計量と相関分析

各変数の記述統計量と相関係数を Table 12 に示す。調和性パッションは精神的苦痛と負の相関があった。強迫性パッションは，COVID-19への恐怖および精神的苦痛と正の相関があった。COVID-19への恐怖は，精神的苦痛と正の相関があった。

Table 12　記述統計量と相関係数

	M	SD	N	歪度	尖度	1	2	3
1 調和性パッション	28.40	6.82	239	-0.18	-0.30			
2 強迫性パッション	19.95	8.60	239	0.26	-0.82	.12		
3 COVID-19の感染恐怖	19.60	5.57	239	0.01	-0.23	.10	.15*	
4 精神的苦痛	31.67	10.84	239	1.36	1.64	-.17**	.20**	.26**

*$p < .05$, **$p < .01$

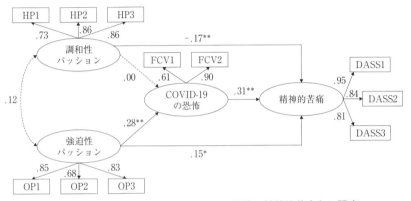

Figure 2　パッションとCOVID-19の恐怖，精神的苦痛との関連

モデルの検討

Figure 2に示すように，仮説の経路のうち1つを除くすべてが，$p < .05$の水準で統計的に有意となった。適合度指標は，仮説モデルがデータの当てはまりが良いことを示唆した（$\chi^2 = 125.725$, df = 38, TLI = .901, CFI = .931, SRMR = .065, RMSEA = .098）。調和性パッションは精神的苦痛（$\beta = -.17$, $p < .01$）と負の関連を示し，仮説1を支持した。強迫性パッションはCOVID-19の恐怖（$\beta = .28$, $p < .01$），精神的苦痛（$\beta = .15$, $p < .01$）と正の相関を示し，仮説2を支持した。さらに仮説3と一致し，COVID-19への恐怖と精神的苦痛（$\beta = .31$, $p < .01$）には正の相関があった。

考察

　研究4の目的は，パンデミックで生じる主要な災害ストレスとしてCOVID-19の恐怖に着目し，それとパッション，精神的苦痛との関連を検討することであった。好きな活動に対する調和性パッションは，COVID-19の恐怖とは関連しなかったが，心理的苦痛を抑制することが示された。一方，強迫性パッションは，COVID-19の恐怖と心理的苦痛を増幅させることが示された。さらに，COVID-19への恐怖は心理的苦痛を促進することが示された。

　本研究は，パッションと災害ストレスの関係性について新たな知見を提供した。怪我（Rip et al., 2006）や失敗を伴う経験（Schellenberg et al., 2016）などのストレスフルな状況において，調和性パッションは今起こっているありのまま経験を認識させようとするため，それによってストレッサーを正確に知覚しようとする（Hodgins & Knee, 2002; Vallerand, 2015）。これを踏まえると，調和性パッションが高い人はCOVID-19の恐怖を過大評価しなかったため，関連を示さなかった可能性がある。一方，強迫性パッションが高い人は，経験に対する防衛的な認知を促進するため，ストレスが引き金となって自分への脅威を過大評価し，ストレスに適切に対処できない可能性がある（Hodgins & Knee, 2002; Vallerand, 2015）。先行研究でも，強迫性パッションは不安を増幅させる回避的コーピングを促進することが示されている（Verner-Filion et al., 2014）。このことから，強迫性パッションはCOVID-19の恐怖を増幅させた可能性がある。

　また，パンデミック下での精神的苦痛の維持と改善にパッションが重要な役割を果たすこと明らかになった。本研究では，調和性パッションは精神的苦痛の低下と関連し，強迫性パッションは精神的苦痛の増加と関連していた。調和性パッションは，好きな活動を通じて比較的ポジティブな経験を増幅すると想定されるが，強迫性パッションは比較的ネガティブな経験を増幅する

と想定されている (Vallerand, 2012)。こうしたパッションと精神的苦痛との関連は，仕事に対するパッションの研究においても同様の結果が得られている (Forest et al., 2011)。これらの研究結果は，パンデミックのような不都合な状況においても，パッションが精神的健康に重要な役割を果たす可能性があることを示している。さらに，パンデミックなどの危機的な状況においては精神的苦痛の全般的な低下が観察されていることから，その保護要因を明らかにすることが重要である (Kubo et al., 2021)。パッションの違いに焦点を当てることは，将来の大きな危機に直面したときに個人の精神的健康状態を理解する手がかりになる可能性がある。

COVID-19 の恐怖と心理的苦痛との関連も明らかになり，これは以前の研究と一致していた (Ahorsu, Imani, et al., 2020; Fitzpatrick et al., 2020; Khattak et al., 2020)。このことは，パンデミック中に感染への恐怖が大きなストレス要因となる可能性があり，精神的健康の低下を避けるために対処する必要があることを示している。

さらに，強迫性パッションに関しては，COVID-19 の恐怖を通じて精神的苦痛に間接的および直接的な影響があった。間接的な影響は，強迫性パッションを持つ人々が感染症の恐怖によってストレスを感じ，精神的苦痛を悪化させる可能性がある。一方で，直接的な影響は先行研究と一致しており (Forest et al., 2011)，パンデミックとは関係なく，強迫性パッションは精神的苦痛に影響を与えることを示唆している。

本研究にはいくつかの限界がある。まず，本研究は横断研究であることである。今後の研究では，縦断研究を行う必要がある。第 2 に，データは自己申告アンケートから得られたものである。家庭，学校，職場など状況が異なる環境においても同様の結果が得られるかどうか検討する必要がある。第 3 に，結果を高齢の参加者や特定の活動にパッションを持っている参加者に一般化する場合には注意が必要である。

第2節 【研究5】 パッションが自動思考を介して抑うつと人生満足度に与える影響

問題と目的

　パッションが心理的適応に影響を与える過程について，パッションを向ける活動に従事しているときと活動に従事していないときで生じる認知を媒介変数とした研究がいくつか存在することが，第1章でも紹介された。

　自動思考についても同様に，調和性パッションと強迫性パッションによって質的な差異が生じる可能性がある。自動思考とは，自分の意図に関係なく意識上に浮上してくる思考であり，ポジティブな出来事を体験しているときに生じる肯定的自動思考とネガティブな出来事を体験しているときに生じる否定的自動思考とがある（白石・相馬・島津, 2016）。肯定的自動思考は，抑うつを抑制（西川・松永・古谷, 2013）し，人生満足度を高めること（Pan, Ye, & Ng, 2016），否定的自動思考は，抑うつを高め（義田・中村, 2007）人生満足度を低下させる（Pan et al., 2016）ことが指摘されている。

　自動思考は，客観性や測定可能性に優れ，かつ臨床操作も行いやすい変数とされている（坂野, 1992）。パッションと自動思考との関連を示すことで，パッションの違いを考慮した自動思考への介入可能性を示すことができる。具体的には，調和性パッションか強迫性パッションかによって，生じる自動思考の質に差異があるとすると，パッションをアセスメントすることで自動思考への介入が行いやすくなるかもしれない。こうした介入は，強迫性パッションとの関連が指摘される依存（Ratelle et al., 2004; Wang & Chu, 2007）の予防にもつながるものと考えられる。

　研究5では，パッションと自動思考との関連を明らかにするために，パッションが人生満足度および抑うつに与える影響における自動思考の媒介効果

を検討することを目的とする。

方法

調査対象および調査時期

　関東地方の国立大学1校，私立大学2校の大学生357名を対象に2016年12月から2017年1月にかけて調査を実施した。調査は，授業担当者の同意を得た後，授業の前後等を用いて行った。倫理的配慮として，無記名式の質問紙調査とし，調査時には，回答が任意であることを告げ，目的や個人情報の保護など研究の趣旨や守秘義務についても説明した。なお，調査の実施にあたっては，著者が所属する大学の研究倫理委員会の承認を得た。

質問紙の構成

　パッション　パッション尺度日本語版の調和性パッション6項目（例：この活動は，私の生活の中にうまく組み込まれている），強迫性パッション6項目（例：この活動をしたいという衝動をコントロールすることは難しい），パッション基準5項目（例：この活動に多くの時間を費やしている）を使用した。回答者には，最初に「あなたが好きな活動で，それが重要であって，かつ，多くの時間を費やしているものについて記述してください」という教示を行い，活動を記述させた上で，その活動を思い浮かべながらパッション尺度日本語版の項目へ回答するよう求めた。評定は「全く当てはまらない」から「非常によく当てはまる」の7段階評定法で行った。

　肯定的自動思考　肯定的自動思考測定尺度（白石・越川・南海・道明，2007）の肯定的感情表現6項目，自己および将来に対する自信6項目，肯定的自己評価4項目，被受容感3項目，肯定的気分の維持願望3項目を用いた。評定は，「まったくない」から，「常にある」の4段階評定で行った。本研究では，パッションを向けた活動をしているときの肯定的自動思考について回答を求めた。なお，本尺度は白石ら（2007）によって，内的整合性と併存的妥当性，

臨床的妥当性の確認がなされている。

否定的自動思考 否定的自動思考測定尺度（白石ら，2016）の否定的感情表現の17項目，自信喪失の11項目，他者非難の5項目，後悔と恥の5項目を用いた。評定は，「まったくない」から，「常にある」の4段階評定で行った。本研究では，パッションを向けた活動をしているときの否定的自動思考について回答を求めた。なお，本尺度は白石ら（2016）によって，内的整合性と，抑うつとの関連が確認されている。

人生満足度 the Satisfaction With Life Scale 日本語版（大石，2009）の計5項目を使用した。評定は，「全く当てはまらない」から「非常によく当てはまる」の7段階評定で行い，現在の人生満足度について回答を求めた。なお，大石（2009）によれば，本尺度はこれまでの先行研究から，長期的安定性と，自己報告と他者報告の相関の高さから妥当性が確認された尺度であるとしている。

抑うつ the Center for Epidemiologic Studies Depression Scale 日本語版（島・鹿野・北村・浅井，1985）の計20項目を使用した。評定は，抑うつ感情やポジティブ感情を経験した頻度について，「ない」から「5日以上」の4段階評定で回答を行った。なお，本尺度は再検査法と折半法による信頼性，併存的妥当性が確認された尺度である。

結果

分析対象

年齢や性別を除き，質問紙に欠損値を含むサンプルを除外した284名のサンプルのうち，Vallerand & Houlfort（2003）や研究1に倣い，パッション基準の合計得点の平均4未満の値のサンプルは除外した。パッション基準は，パッションの定義に基づき，パッションが生じているかを判定するための項目になっている。この操作によって，パッションを持っているサンプルのみを分析対象者とした。なお，パッションが生じていたと判断されるサンプル

は全体の87.3%だった。最終的に分析対象者としたのは248名（男性106名，女性140名，不明2名，平均年齢19.42±2.94歳）だった。以下，データの統計処理は IBM SPSS Statistics バージョン25および IBM Amos Statistics バージョン25によって行った。

なお，パッションを向けた活動について自由記述で回答したものは，著者と心理学専攻の大学院生1名が独立して分類を行った。分類の評定者間の一致率は，83.40%だった。評定者間で一致しなかった項目については，討議により再分類を行った。その結果，映画・音楽鑑賞，ゲーム，読書などの受身的余暇は42.34%，スポーツ（観覧を含まない）は32.66%，絵画制作や楽器演奏などの芸術・音楽活動は8.47%だった。

各指標間の相関分析

各尺度の記述統計量とα係数を算出し，各指標との関連を検討するため，相関分析を実施した（Table 13）。肯定的自動思考は，5つの下位尺度から構成されている尺度だが，下位尺度間の相関が有意であり，尺度全体の内的一貫性も十分な値を示していることから，下位尺度得点を合計して肯定的自動思考として使用しても問題ないと判断した。同様に，否定的自動思考も4つの下位尺度から構成されている尺度だが，下位尺度間の相関が有意であり，尺度全体の内的一貫性も十分な値を示していることから，下位尺度得点を合

Table 13 各尺度の基礎統計量および尺度間の相関係数

	M	SD	α	1	2	3	4	5
1 調和性パッション	5.15	1.11	.78					
2 強迫性パッション	3.76	1.37	.79	$.38^{**}$				
3 肯定的自動思考	2.77	0.60	.92	$.50^{**}$	$.24^{**}$			
4 否定的自動思考	1.65	0.51	.96	.03	$.28^{**}$	$.13^{*}$		
5 抑うつ	1.84	0.49	.86	$-.18^{**}$	$.15^{*}$	$-.18^{**}$	$.40^{**}$	
6 人生満足感	4.08	1.36	.87	$.27^{**}$	.06	$.31^{**}$	$-.17^{*}$	$-.52^{**}$

$^{**}p<0.01$, $^{*}p<0.05$

計して否定的自動思考得点として使用しても問題ないと判断した。調和性パッションは，肯定的自動思考（$r = .50$, $p < .01$），抑うつ（$r = -.18$, $p < .01$），人生満足度（$r = .27$, $p < .01$），との間に有意な相関がみられた。一方，強迫性パッションは，肯定的自動思考（$r = .24$, $p < .01$），否定的自動思考（$r = .28$, $p < .01$），抑うつ（$r = .15$, $p < .05$）との間に有意な相関がみられた。

共分散構造分析によるモデルの検討

　共分散構造分析でモデルの検討を行った。モデルの検討はすべて最尤推定法で行った。パッションが自動思考を介して人生満足度と抑うつに影響を与えるモデルについて検討する前に，まず，パッションから人生満足度と抑うつへの直接的な影響について検討した。調和性パッション，強迫性パッション，人生満足度，抑うつの4つの変数を投入し，調和性パッションと強迫性パッションから，人生満足度と抑うつにパスを引いた。さらに，相関分析の結果を踏まえ，調和性パッションと強迫性パッションとの間に相関のパスを引き，人生満足度と抑うつの間には誤差相関のパスを引いた。分析の結果，調和性パッションから人生満足度（$\beta = .29$, $p < .01$），抑うつ（$\beta = -.27$, $p < .01$）へのパスは有意であった。強迫性パッションから人生満足度へのパスは有意ではなかった（$\beta = -.05$, $p = .46$）が，抑うつへのパスは有意であった（$\beta = .25$, $p < .01$）。さらに，調和性パッションと強迫性パッションとの間に有意な正の相関がみられた（$r = .38$, $p < .01$）。このモデルは飽和モデルであったのでモデルの適合度は算出されなかった。

　続いて，パッションが自動思考を介して人生満足度と抑うつに影響を与えるモデルについて検討した。先ほどの4つの変数に加えて肯定的自動思考と否定的自動思考を投入し，調和性パッションと強迫性パッションから，それぞれ肯定的自動思考と否定的自動思考にパスを引き，肯定的自動思考と否定的自動思考から，それぞれ人生満足度と抑うつにパスを引いた。また，調和性パッションと強迫性パッションから人生満足度と抑うつへの直接のパスを

それぞれ引いた。先ほどと同様に，調和性パッションと強迫性パッションの間に相関のパスと，肯定的自動思考と否定的自動思考，人生満足度と抑うつとの間に誤差相関のパスを引き，このモデルについて検討を行った。分析の結果，示されたモデルから有意でないパスを削除し再度分析を行った。最終的に得られたモデルを Figure 3 に示す。このモデルの適合度指標は，$\chi^2(3)=2.593$（$p=.459$），$\chi^2/3=.864$，AGFI（Adjusted Goodness of Fit Index）$=.973$，GFI（Goodness of Fit Index）$=.997$，CFI（Comparative Fit Index）$=1.000$，RMSEA（Root Mean Square Error of Approximation）$=.000$であった。豊田（2007）によれば，AGFI，GFI は.90以上，CFI は.95以上，RMSEA は.05以下であれば当てはまりが良いと判断するとしており，このモデルの適合度指標は，十分な数値であると判断した。

Figure 3 によると，調和性パッションから肯定的自動思考（$\beta=.50$，$p<.01$），人生満足度（$\beta=.15$，$p<.05$），抑うつ（$\beta=-.15$，$p<.05$）へのパスが有意であった。強迫性パッションから否定的自動思考（$\beta=.27$，$p<.01$），抑うつ（$\beta=.14$，$p<.05$）へのパスが有意であった。さらに，肯定的自動思考から人生満足度（$\beta=.27$，$p<.01$），抑うつ（$\beta=-.19$，$p<.01$）へのパスが有意であり，否定的自動思考から，人生満足度（$\beta=-.21$，$p<.01$），抑うつ

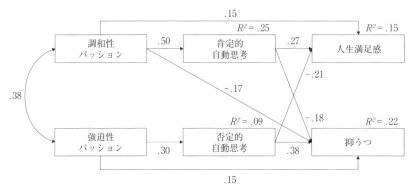

Figure 3　パッションが自動思考を介して人生満足度と抑うつに影響を与えるモデル

($\beta = .40$, $p < .01$) へのパスが有意であった。肯定的自動思考と否定的自動思考を投入することで，調和性パッションから人生満足度への直接効果が.29から.15に減少し，.14の間接効果が認められた。また，抑うつへの直接効果が$-.27$から$-.15$に増加し，$-.10$の間接効果が認められた。一方，強迫性パッションから抑うつへの直接効果が.25から.14に減少し，.11の間接効果が認められた。

考察

　研究5では，パッションと自動思考との関連を明らかにするために，パッションが人生満足度および抑うつに与える影響における自動思考の媒介効果を検討することを目的とした。そのため，調和性パッションと強迫性パッション，肯定的自動思考と否定的自動思考，人生満足度と抑うつを変数として投入し，共分散構造分析を行った。その結果，パッションから人生満足度と抑うつへの影響には，強迫性パッションから人生満足度への影響を除いて，自動思考が部分的に媒介していることが明らかになった。以下，得られた結果について順に考察していきたい。

　まず，調和性パッションから，肯定的自動思考と人生満足度に正のパス，抑うつに負のパスが見られた。これは，調和性パッションが肯定的自動思考を増加させ，人生満足度を促進し，抑うつを低下させることを示す。また，調和性パッションから人生満足度と抑うつへの影響には，肯定的自動思考を介した間接効果が認められた。つまり，調和性パッションが高いことが，活動で生じた肯定的自動思考の頻度を増加させ，その結果，人生全般に対する満足を高く評価し，また，日常に経験する抑うつなどのネガティブ感情を低下させることを示唆した。

　一方，強迫性パッションから，否定的自動思考と抑うつに正のパスが見られた。これは，強迫性パッションが，否定的自動思考を増加させ，抑うつを高めることを意味する。また，強迫性パッションから抑うつへの影響には，

否定的自動思考を介した間接効果が認められた。このことから，強迫性パッションが高いことが，活動で生じた否定的自動思考の頻度を増加させ，その結果，日常に経験する抑うつなどのネガティブ感情を高める可能性を示した。

なお，強迫性パッションから否定的自動思考に正のパスと，否定的自動思考から人生満足度に負のパスは見られたが，自動思考を投入せずにパッションから人生満足度と抑うつへの直接的な影響を検討した際には，強迫性パッションから人生満足度へのパスは有意ではなかった。これは，強迫性パッションと人生満足度の間には関連が見られず，否定的自動思考を介した影響がないことを意味する。

強迫性パッションと人生満足度の関連については，先行研究では負の相関を示す場合（Carpentier et al., 2012; Stenseng & Phelps, 2013）と無相関の場合（Vallerand et al., 2007）とがあり，研究間でも結果が一致しない。しかし，調和性パッションの高い群と強迫性パッションの高い群とを比較した場合には，調和性パッションの高い群のほうが人生満足度の数値が高く（Philippe et al., 2009），パッションを向ける活動を通じて得られる満足感に違いが生じることが予想される。さらに，本研究でも，強迫性パッションから人生満足度への影響は見られなかったが，強迫性パッションから抑うつへの正のパスが見られ，強迫性パッションが心理的不適応に影響していることが考えられた。

さらに，パッションが人生満足度と抑うつに影響を与える過程に自動思考が媒介していたことで，パッションの違いを考慮した自動思考への介入可能性を示すことができたと考えられる。強迫性パッションは依存と関連する要因である（Ratelle et al., 2004; Wang & Chu, 2007）。従来の自動思考への介入に，パッションの違いが考慮されることで，依存へのより精緻なアセスメントをすることができると考える。そうすることで，深刻な依存の予防にもつながるだろう。無論，本研究で用いた変数は，依存にのみ特徴的な変数ではないことから，パッションによって依存とそうでない状態を区別するためにはさらなる検討が必要であるが，本研究の結果は，依存に対する予防の可能性を

示すことができたと考えられる。

　今後の課題として，以下の3点が挙げられる。第1は，自動思考が生じる条件についてより詳細に検討することである。パッションによって生じる感情は，研究1やVallerand et al.（2003）で示された通り，活動中，活動後，活動を阻害されたときでそれぞれ異なるため，自動思考についてもこれらの違いを考慮に入れて検討する必要もあるだろう。例えば，教示によって活動状態の条件を設定する他，教示による回想には限界があるので，実験的な手続きを用いて条件を設定し，検討する必要があるだろう。これにより，どういった活動状態で生じる自動思考が心理的適応と不適応に強く影響を及ぼすのか，明らかにすることができると考えられる。

　第2は，パッションを向けた活動で生じる自動思考に対して介入を行い検討することである。先述したように自動思考への介入を行うことで，心理的適応を促進し，心理的不適応を抑制することが可能になると予想される。今後は，具体的な介入を行うことで，実際にそのような効果が生まれるか検討を行う必要があるだろう。

　第3に，モデルの一般化に関する検討をすることである。まず，本研究は横断調査による研究であるため，明確な因果関係は特定できない。そのため，縦断調査や実験を行うことで，因果関係を明確にすることが必要である。加えて，本研究では他のモデルとの比較や大学生以外のサンプルを用いた検討は行っていない。一般的に大学生と大学生以外の成人では，学業や仕事など中心となる活動が異なることが多い。本研究の知見を一般化するためには，大学生以外の対象者に対して調査を行う他，仕事やスポーツへのパッションの研究（Birkeland & Buch, 2015; Vallerand, Rousseau, Grouzet, Dumais, Grenier, & Blanchard, 2006; Verner-Filion, Vallerand, Donahue, Moreau, Martin, Mageau, & Martin, 2014）など，対象者だけでなく，活動自体も限定して調査を行い，モデルの検証を行っていくことが必要であると考えられる。

第6章　パッションに対する心理的援助を行うための検討

第1節　【研究6】　欲求充足・欲求不満がパッションの促進および抑制に与える影響

問題と目的

　臨床心理学的介入の一環として心理的適応を促す活動を生活に取り入れることは，心理的援助が必要な人々に広く推奨されているが，その活動への過度な従事は避ける必要がある。運動（Buecker, Simacek, Ingwersen, Terwiel, & Simonsmeier, 2021），ヨガ（Cramer et al., 2018），読書（Yuan et al., 2018）など，心理的適応を促す効果が実証された活動も多く存在する一方で，運動中毒（Szabo, Griffiths, Marcos, Mervó, & Demetrovics, 2015），インターネット依存（Young, 2015）のように，活動への過度な従事によって逆に心理的適応が妨げられる可能性もある。たとえ，心理的適応を促すとされる活動に従事する際にも，その活動に従事することで，果たして心理的適応が促されるのかどうか，見極めることが重要であると考えられる。

　第1章でも説明したように，パッションと心理的適応との関連について検討した先行研究から（Curran, Hill, Appleton, Vallerand, & Standage, 2015），活動に従事する際には調和性パッションを高め，強迫性パッションを低めることが重要であると考えられる。そこで，本研究は，生活全般とパッションを向けた活動内の欲求充足と欲求不満，調和性パッション，強迫性パッションの関連を明らかにすることを目的とする。なお，Lalande et al.（2017）と同様に，調和性パッションが心理的適応を促し，強迫性パッションが心理的適応

を妨げることを確認することを目的に，パッションと人生満足度との関連についても検討する。

これまでの先行研究の知見から以下のように仮説を設定する。生活全般の欲求充足は強迫性パッションと負の関連を示し，調和性パッションとは関連がないだろう。生活全般の欲求不満は強迫性パッションと正の関連を示し，調和性パッションとは関連がないだろう。活動内の欲求充足は調和性パッション，強迫性パッションと共に正の関連を示し，その関連の強さは調和性パッションとの関連のほうが大きいだろう。活動内の欲求不満は強迫性パッションと正の関連を示し，調和性パッションとは関連がないだろう。調和性パッションは人生満足度を高めるだろう。強迫性パッションは人生満足度を低めるだろう。

方法

大学生331名を対象に調査を行った。2018年12月に調査を実施した。授業担当者の同意を得た後，授業の前後を用いて調査を行った。倫理的配慮として，調査時には，目的や個人情報の保護など研究の趣旨や守秘義務についての説明を行い，調査は無記名式であること，調査への回答は任意であること，調査協力への同意の確認は調査への回答をもって行うことを説明した。なお，本研究は著者の所属機関の研究倫理委員会による審査によって承認を受けた。

質問紙の構成

質問紙の順番は，生活全般の欲求充足と欲求不満，パッション，パッションを向けた活動内の欲求充足と欲求不満，人生満足度であった。

パッション　パッション尺度の日本語版の調和性パッション6項目，強迫性パッション6項目，パッション基準5項目を使用した。パッション基準は，パッションの定義に基づき，パッションが生じているかを判定するための項目になっている。評定は「1：全く当てはまらない」から「7：非常によく

当てはまる」の7段階評定法で行った。得点が高いほど，調和性パッション，強迫性パッション，パッション基準の程度が高いことを示す。尺度の回答時には，最初に「あなたが好きな活動で，それが重要であって，かつ，多くの時間を費やしているものについて記述してください」という教示を示し，パッションを向けた活動について自由記述で回答を求めた後，「記入した好きな活動を思い浮かべながら，以下の文章を読んで，1から7の中から最もあてはまる番号に○をつけて回答してください」という教示を示し，尺度への回答を求めた。

生活全般とパッションを向けた活動内の欲求充足と欲求不満 Basic psychological need satisfaction and frustration (Chen et al., 2015) の日本語版 (Nishimura & Suzuki, 2016) は，基本的心理欲求の自律性の欲求充足4項目，有能感の欲求充足4項目，関係性の欲求充足4項目と，自律性の欲求不満4項目，有能感の欲求不満4項目，関係性の欲求不満4項目の計24項目から構成されている。例えば，関係性の欲求充足は「私は，互いに気に掛けている人と，きずなを感じている」，関係性の欲求不満は「私は，大切な人から，冷たくされ，距離を置かれていると感じている」という項目から構成されている。自律性，有能感，関係性の欲求充足の計12項目を欲求充足とし，自律性，有能感，関係性の欲求不満の計12項目を欲求不満として用いた。評定は，「1：まったくそうではない」から，「5：まったくその通りだ」の5段階評定で行った。得点が高いほど，欲求充足もしくは欲求不満の程度が高いことを示す。本研究では，生活全般とパッションを向けた活動内の欲求充足と欲求不満を別に測定した。その際，Lalande et al. (2017) と同様に，教示文の一部を変更し，生活全般とパッションを向けた活動内の欲求充足と欲求不満についてそれぞれ回答を求めた。生活全般について回答を求める際には，「ここでは，あなたが生活の中で感じていることについてお尋ねします」という教示を示し，パッションを向けた活動内について回答を求める際には「ここでは，あなたが先ほど記入した活動の中で感じていることについてお

尋ねします」という教示を示した。

人生満足度　Satisfaction with life scale（Diener, Emmons, Larsen, & Griffin, 1985）の日本語版（大石，2009）の5項目を使用した。この尺度は，日本を含む複数の文化圏で使用され，信頼性と妥当性が示されている（Suh, Diener, Oishi, & Triandis, 1998）。評定は，「1：全く当てはまらない」から「7：非常によく当てはまる」の7段階評定で行い，現在の人生満足度について回答を求めた。得点が高いほど，人生満足度の程度が高いことを示す。

解析方法

データの統計処理はJASP（JASP Team, 2023）で行った。パッションをもっている調査回答者のみを分析対象者とするため，Vallerand & Houlfort（2003）が設定したパッションを持っているものを選別する基準に倣い，パッション基準の加算平均4未満の調査回答者は除外した。パッションを向けた活動について自由記述で回答したものは，著者と心理学専攻の大学院生1名が独立して分類を行った。次に，各尺度の記述統計量を算出し，各指標との関連を検討するため相関係数を算出した。欠損値の処理には，ペアワイズ法を用いた。相関分析の結果より，生活全般と活動内の欲求充足および欲求不満の間でいくつか相関の高い変数のペアが存在したことから，欲求充足のモデルと欲求不満のモデルは別に検討することとした。パス解析は欠損値の処理に完全情報最尤法を用いた。欲求充足のモデルでは，生活全般と活動内の欲求充足から，調和性パッション，強迫性パッションにパス，調和性パッションと強迫性パッションから人生満足度にパス，さらに生活全般と活動内の欲求充足の変数間には相関のパス，調和性パッションと強迫性パッションの誤差の間にも相関のパスを引いた。欲求不満のモデルも同様のパスを引いた。その後，修正指数に基づいて，モデルの修正を行った。適合度の評価については，CFI，GFI，RMSEA，AICを用いた。豊田（2007）によれば，GFIは.90以上，CFIは.95以上，RMSEAは.05以下であれば当てはまりが

良く，0.1以上であれば当てはまりが良くないと判断するとしている。また，AICはモデルを比較する際に使用し，値が小さいほど良いモデルであると解釈できる（豊田，2007）。

結果

分析対象者

パッション基準の加算平均4未満の調査回答者を除外した305名（調査回答者の92.1%，男性146名，女性156名，不明3名，平均年齢19.20±1.54歳）を分析対象者とした。

パッションを向けた活動の分類

自由記述で回答したパッションを向けた活動を分類したところ，評定者間の一致率は，86.52%だった。評定者間で一致しなかった項目については，討議により再分類を行った。その結果，スポーツ（観覧を含まない）は41.99%，映画・音楽鑑賞，ゲーム，読書などの受身の余暇は25.68%，絵画制作や楽器演奏などの芸術・音楽活動は13.29%，友達や家族と過ごすなどの対人交流は5.74%，その他は13.3%だった。

各指標間の相関分析

各尺度の記述統計量と相関係数を Table 14 に示す。相関係数について，調和性パッションでは，強迫性パッション（$r=.27$, $p<.01$），活動外の欲求充足（$r=.50$, $p<.01$），活動外の欲求不満（$r=-.39$, $p<.01$），活動内の欲求充足（$r=.54$, $p<.01$），活動内の欲求不満（$r=-.33$, $p<.01$），人生満足度（$r=.41$, $p<.01$）との間に有意な相関が認められた。強迫性パッションでは，活動内の欲求不満（$r=.13$, $p<.05$），人生満足度（$r=.13$, $p<.05$）との間に有意な相関が認められた。生活全般と活動内の欲求充足および欲求不満の間の相関係数の絶対値は，.53から.71であった（$p<.01$）。

Table 14 記述統計量と相関係数

	M	SD	α	1	2	3	4	5	6
1 調和性パッション	5.28	1.05	.81						
2 強迫性パッション	3.67	1.31	.76	.27**					
3 生活全般の欲求充足	3.51	0.61	.87	.50**	.02				
4 生活全般の欲求不満	2.33	0.64	.89	-.39**	.08	-.71**			
5 活動内の欲求充足	3.68	0.61	.86	.54**	.13*	.72**	-.53**		
6 活動内の欲求不満	2.10	0.66	.89	-.33**	.06	-.45**	.62**	-.49**	
7 人生満足度	4.63	1.27	.88	.41**	.13*	.65**	-.59**	.52**	-.39**

**$p<.01$, *$p<.05$

パス解析

仮説で設定したモデルについて検討したところ,欲求充足のモデルの適合度指標は CFI = .786, GFI = .886, RMSEA = .431, AIC = 3901.834, 欲求不満のモデルの適合度指標は,CFI = .756, GFI = .902, RMSEA = .390, AIC = 4028.947となり,モデルはデータに十分に適合していなかった。そこで修正指数をもとに,欲求充足のモデルにおいて,生活全般の欲求充足から人生満足度にパスを引き,欲求不満のモデルにおいて,生活全般の欲求不満から人生満足度にパスを引いた。その結果,欲求充足のモデルでは CFI = 1.000, GFI = .999, RMSEA = .000, AIC = 3789.086, 欲求不満のモデルでは CFI = 1.000, GFI = 1.000, RMSEA = .000, AIC = 3936.201といずれの指標も改善し,適合度指標も良好な値となったため,このモデルはデータに適合していると判断した。最終的な欲求充足のモデルを Figure 4, 欲求不満のモデルを Figure 5 に示す。

欲求充足のモデル (Figure 4) では,生活全般の欲求充足から調和性パッション ($\beta = .22, p<.01$), 人生満足度 ($\beta = .38, p<.01$) へのパスは有意であったが,強迫性パッション ($\beta = -.15, n.s.$) へのパスは有意ではなかった。活動内の欲求充足から調和性パッション ($\beta = .38, p<.01$), 強迫性パッション ($\beta = .23, p<.01$) へのパスは有意であった。調和性パッションから人生

第6章 パッションに対する心理的援助を行うための検討　93

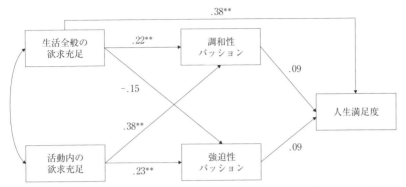

Figure 4　生活全般と活動内の欲求充足，パッション，人生満足度との関連

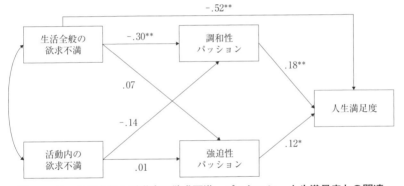

Figure 5　生活全般と活動内の欲求不満，パッション，人生満足度との関連

満足度（$\beta = .09$, n.s.）と強迫性パッションから人生満足度（$\beta = .09$, n.s.）のパスはそれぞれ有意ではなかった。欲求不満のモデル（Figure 5）では，生活全般の欲求不満から調和性パッション（$\beta = -.30$, $p < .01$），人生満足度（$\beta = -.52$, $p < .01$）へのパスは有意であったが，強迫性パッション（$\beta = .07$, n.s.）へのパスは有意ではなかった。活動内の欲求不満から調和性パッション（$\beta = -.14$, n.s.），強迫性パッション（$\beta = .01$, n.s.）へのパスは有意ではなかった。調和性パッションから人生満足度（$\beta = .18$, $p < .01$）と強迫性パッションから人生満足度（$\beta = .12$, $p < .05$）へのパスはそれぞれ有意であった。

考察

　本研究は，生活全般と活動内の欲求充足と欲求不満，調和性パッション，強迫性パッション，人生満足度との関連を明らかにすることを目的とした。仮説通り，欲求充足のモデルにおいて生活全般の欲求充足は調和性パッションおよび強迫性パッションと有意な正の関連を示し，欲求不満のモデルにおいて調和性パッションと人生満足度と有意な正の関連が示されたが，そのほかの変数間の関連については，仮説が支持されなかった。

　まず，活動内の欲求充足は調和性パッションおよび強迫性パッションと有意な正の関連を示した。関連の強さは調和性パッションとの関連のほうが強かった。このことは，Lalande et al. (2017) の結果とも一致していた。パッションを向けた活動内の欲求充足が高まると，その活動に対して欲求が満たすことができるという価値が高まるため (Vallerand et al., 2003)，活動内の欲求充足はともに調和性パッションと強迫性パッションを高め，関連の強さは活動内の欲求充足をより高める調和性パッションとの関連のほうが強かったと考えられる。

　一方，仮説とは異なり，先行研究で関連が想定されていた生活全般の欲求不満および欲求充足は，強迫性パッションとは関連を示さず，調和性パッションと関連を示した。このことは，生活全般の欲求充足を高め，欲求不満を低下させることで調和性パッションを高めるために重要であることを示唆している。生活全般の欲求不満および欲求充足が調和性パッションと関連していた理由として，欲求充足が自己コントロールを強化すること (Johnson, Eden, Reinecke, & Hartmann, 2021) が影響している可能性がある。一方，本研究では，生活全般の欲求不満および欲求充足と強迫性パッションとの関連は認められなかった。これら関連が認められなかった理由としては，文化的な要因や選択される活動の種類が影響している可能性がある。Burke et al. (2015) は，労働に対する意識や環境などの文化的な要因によって，仕事

へのパッションと他の指標との関連に違いが生じた可能性を指摘している。また，生活全般の欲求不満および欲求充足は，オンラインゲームなどの受身的余暇に対する強迫性パッションと有意な関連を示していたが（Tóth-Király et al., 2019），本研究では受身的余暇の選択割合が25.68％で，選択される活動の種類が異なるため，関連が認められなかった可能性がある。

　本研究で新たに検討した活動内の欲求不満については，仮説とは異なり，強迫性パッションとの関連が示されなかった。本研究ではゲーム内の欲求不満とゲーム中毒（Allen & Anderson, 2018; Mills et al., 2018a），ゲーム中毒とゲームに対する強迫性パッションとの関連から（Wang & Chu, 2007），活動内の欲求不満と強迫性パッションとの正の関連を予想したが，この関連はゲームなどの依存を引き起こしやすい活動に限られる可能性がある。また，本研究の参加者は大学生であり，高校生や社会人と比較して時間的制約が少なく様々な活動に従事できる機会が多いという特性が影響したとも推測される。この場合，パッションを向ける活動内で欲求不満が高まったとしても，代わりの活動が複数存在するために，その活動に対して強迫性パッションが生じなかった可能性も考えられる。

　調和性パッションおよび強迫性パッションと人生満足度との関連は，欲求充足のモデルと欲求不満のモデルで異なる結果となった。欲求不満のモデルでは，調和性パッションが人生満足度と有意な正の関連を示し，仮説と一致したが，欲求充足のモデルではその関連が認められなかった。先行研究では，調和性パッションが生活全般の欲求充足を介して人生満足度を高めることが示されている（Houlfort et al., 2015）。本研究でも相関分析において調和性パッションと人生満足度との正の関連が確認されており，欲求充足のモデルでは，生活全般の欲求充足から人生満足度へのパスが統制された結果，パッションから人生満足度へのパスが有意にならなかったと解釈される。一方，仮説とは異なり，欲求不満のモデルにおいて強迫性パッションと人生満足度との間に有意な正の関連が見られたが，その関連は弱かった。なお，相関分析

でも同じ弱い正の相関が認められている。これは競争が激しいリーグにおけるアスリートの強迫性パッションが人生満足度を高めるという報告（Amiot, Vallerand, & Blanchard, 2006）と一致している。本研究の対象者が回答したパッションを向ける活動はスポーツが全体の41.99％を占め，最も一般的なカテゴリであったことから，強迫性パッションから人生満足度への正のパスがわずかに有意であったと解釈される。しかし，調和性パッションおよび強迫性パッションと人生満足度との関連の強さを比較すると，調和性パッションのほうが人生満足度との関連が強く，より適応的な結果をもたらしやすいと考えられる。

以上，本研究では，生活全般とパッションを向けた活動内における欲求充足と欲求不満，調和性パッション，強迫性パッション，人生満足度との関係を明らかにした。本研究の結果から，臨床心理学的介入の一環として，パッションを向けた活動に従事する際には，その活動に限らず，他の活動や生活全般の基本的心理欲求の3つの欲求に着目し，欲求充足を高めていく，もしくは，欲求不満を低めることが重要であることが示唆された。また，心理的援助を提供するにあたっては，心理的適応が促す特定の活動だけに焦点を当てるのではなく，様々な活動や生活全般を考慮した援助を展開することが重要であると考えられる。

今後の課題として，第1に，大学生と異なる年齢や属性，文化差を考慮した検討を行う必要がある。第2に，Lalande et al.（2017）のように，活動の種類を1つに限定して調査対象者を募集し，異なる活動間で違いが生じないかなど，より詳細な検討が必要である。第3に，因果関係は特定するために，縦断調査を行うことが必要である。

第3部　総合的考察

第7章　総合的考察

本章では，まず本研究の4つの目的，すなわち，第1に，パッションの概念を測定することが可能な尺度を開発し信頼性と妥当性の検証をすること，第2に，パッションが心理的適応と不適応に与える影響について検討すること，第3に，パッションが認知に与える影響，第4に，パッションに対する心理的援助を行うための検討をすることについて，研究1から研究6で得られた知見をまとめる。次に得られた結果を基に考察を行い，本研究の限界と今後の展開について述べる。

第1節　まとめ

（1）パッション尺度日本語版の開発と信頼性と妥当性の検討

第3章では，研究1で，二元モデルに基づくパッションを量的に測定する実用可能な心理尺度を作成し，信頼性と妥当性について検討した。研究1では調査を2回行った。調査1の結果，探索的因子分析によって修正版 (Marsh et al., 2013) と同じ2因子構造が認められ，確認的因子分析の結果，修正版と同程度に十分なモデルの適合度指標が示された。また，内的整合性と調査2における再検査信頼性は，十分な値を示していた。さらに，先行研究を参考にし，パッションと関連が想定される変数との相関関係について検討を行った。その結果，調和性パッションと強迫性パッションはともに，予測される変数との有意な相関が多く見られた。しかし，強迫性パッションの高さと，活動が阻害された時のポジティブ感情と活動中のポジティブ感情の高さ，フローの下位尺度である没入の高さとの関連については予想と異なる

結果が示された。活動が阻害された時のポジティブ感情については，体験されるポジティブ感情の質が，調和性パッションで生じるものとは異なる可能性が示された。また，活動中のポジティブ感情については，活動内容の違いによる影響の可能性が指摘された。さらに，没入については，統制がないという点が強迫性パッションと共通するために，関連を示したことが推測された。ほかの側面については予想通りの関連が認められ，パッション尺度日本語版の基準関連妥当性が確認された。パッション尺度日本語版は信頼性と妥当性を兼ね備えた実用可能な尺度であることが示された。

(2)パッションが心理的適応と不適応に与える影響

第4章ではパッションが心理的適応と不適応に与える影響として，先行研究で問題点として挙がっていたパッションと依存の問題，継時的変化の問題，well-being の指標の問題に対する検討を行った。

研究2では，パッションと依存の関連について検討するために，スマートフォンに対するパッションが依存と精神的健康，不眠傾向に与える影響について検討を行った。その結果，調和性パッションはスマートフォン依存の一部の変数と不眠傾向に負の影響，精神的健康に正の影響を与え，強迫性パッションはスマートフォン依存と不眠傾向に正の影響，精神的健康に負の影響を与えることが明らかになった。このことから，調和性パッションがスマートフォン依存と不眠傾向を抑制し精神的健康を向上させ，強迫性パッションがスマートフォン依存や不眠傾向を促進し精神的健康を低下させることが示された。

研究3では，継時的変化を踏まえてパッションが複数の well-being の指標に与える影響を明らかにするために，パッションが心理的適応と不適応に与える影響を3時点の交差遅延モデルによって捉える検討を行った。その結果から，調和性パッションは，人生満足度，心理的 well-being，本来感を高め，また，本来感は調和性パッションを高めることが示唆された。先行研究

においては，パッションと主観的 well-being との関係を支持する調査結果は示されていたが，心理的 well-being に関するものは少なく，また，多くは横断調査によるものであり，さらに本邦においては縦断調査が行われてこなかったが，3時点データによる交差遅延効果モデルを用いて因果関係をより適切な方法で推定したことで，縦断的な検討がなされていた主観的 well-being だけでなく，心理的 well-being，本来感といった多様な well-being に関連する変数とパッションとの関連を明らかにした。

パッションが認知に与える影響

第5章ではパッションが認知に与える影響として，先行研究で問題点として挙がっていた災害ストレス，自動思考に関する検討を行った。

研究4では，パンデミックで生じる主要な災害ストレスとして COVID-19 の恐怖に着目し，それとパッション，心理的苦痛，との関連を検討した。好きな活動に対する調和性パッションは，COVID-19 の恐怖とは関連しなかったが，心理的苦痛を抑制することが示された。一方，強迫性パッションは，COVID-19 の恐怖と心理的苦痛を増幅させることが示された。さらに，COVID-19 への恐怖は心理的苦痛を促進することが示された。これらの研究結果は，パンデミックのような災害においても，パッション，特に強迫性パッションが不適応的な認知に影響を及ぼし，メンタルヘルスに重要な影響を与える可能性があることを示している。

研究5では，パッションと自動思考との関連を明らかにするために，パッションが人生満足度および抑うつに与える影響における自動思考の媒介効果を検討することを目的とした。そのため，調和性パッションと強迫性パッション，肯定的自動思考と否定的自動思考，人生満足度と抑うつを変数として投入し，共分散構造分析を行った。その結果，パッションから人生満足度と抑うつへの影響には，強迫性パッションから人生満足度への影響を除いて，自動思考が部分的に媒介していることが明らかになった。パッションを向け

た活動で生じる認知には，フローや反すうなどの複数の認知が関連しているが，本研究では新たに自動思考が心理的適応と不適応に影響を与えていることが示された。

(3)パッションに対して心理的援助を行うための検討

第6章では，パッションに対する心理的援助を行うために基本的心理欲求に着目した研究6を行った。

研究6では，本研究は，生活全般と活動内の欲求充足と欲求不満，調和性パッション，強迫性パッション，人生満足度との関連を明らかにすることを目的とした。結果，生活全般の欲求充足は調和性パッションと正の関連を示し，活動内の欲求充足は調和性パッションおよび強迫性パッションと有意な正の関連を示した。生活全般の欲求不満は調和性パッションと有意な正の関連を示した。このことから，心理的援助を行う際には，心理的適応を促す特定の活動だけに焦点を当てるのではなく，様々な活動や生活全般を考慮した援助を展開することが重要であると考えられる。

第2節　本研究の考察

本研究ではパッションに関する臨床心理学的研究を進めてきた。研究方法として，大学生を対象とした質問紙調査を行ってきたため，対象者が限定されていることと，実験法や面接法といったほかの研究方法が実施されていないため，一連の研究の知見を一般化することには難しい部分もある。しかし，我が国で数少ないパッションの研究であり，先行研究で浮かび上がってきた問題点について検討を行ったことから，臨床心理学に対して本研究の知見が示唆することは少なくないと考えられる。

（1）尺度開発の意義

　本研究では，パッションの二元モデル（Vallerand et al., 2003; Vallerand, 2015）に基づく，調和性パッションと強迫性パッションを測定する尺度を開発し，信頼性と妥当性を示した。パッションは心理的適応と不適応に影響を与える重要な要因であり，調和性パッションと強迫性パッションの高さを把握することは，心の問題を取り扱う臨床心理学においても重要な意味を持つ。パッション尺度日本語版を活用することは，パッションに対する心理査定や心理的援助を行う一助になるだろう。

（2）ポジティブ心理学への示唆

　従来の心理学は精神病理や障害に焦点が当てられがちだったが，ポジティブ心理学（Seligman & Csikszentmihalyi, 2000）は人々の幸福や強みなどの最適な機能に光を当てた。Valleland（2015）が指摘するように，パッションはポジティブ心理学が追及する最適な機能を促進するための重要な要素であり，本研究では心理的適応を示す well-being との関連から，様々な検討を行った。第1に，経時的変化に関する研究から，パッション，特に調和性パッションが心理的適応に及ぼす影響は，一過性のものではなく長期間継続する可能性が示された。これは，パッションが一時的な感情ではなく，持続的に well-being や満足感をもたらす要因であることを示唆している。この発見は，ポジティブ心理学が追求する持続的な well-being の理解を深める重要な一歩である。第2に，多面的な well-being との関連に関する研究から，調和性パッションが高まることは，快楽主義や幸福主義の視点，本来感の視点など複数の well-being の視点から心理的適応を促すものであると考えられた。具体的には，調和性パッションが個人の生活における意味や目的を強化し，より豊かな生活体験をもたらすことが示唆される。このように，調和性パッションは単なる快楽追求だけでなく，深い意味を持つ well-being の形成に

も寄与している。第3に，認知に関する研究から，調和性パッションは肯定的自動思考との関連が示され，パッションが様々な心理的適応を促進する上で，肯定的な認知にも影響を及ぼしていることが示唆された。これにより，調和性パッションが個人の思考パターンをポジティブに変える力を持ち，その結果，well-being の向上に寄与する可能性があることが示された。以上のことから，調和性パッションはポジティブ心理学の枠組み内で重要な位置を占める要素であり，心理的適応の向上に対する貢献が多岐にわたることが明らかになった。

(3) 活動に伴う精神病理のさらなる理解

調和性パッションが心理的適応を促す一方で，強迫性パッションは心理的不適応を引き起こし，活動による心理的適応が得られにくいとされる。本研究では，強迫性パッションについても，心理的不適応を示す ill-being との関連から検討を行った。第1に，依存に関する研究から，スマートフォンの依存傾向と強迫性パッションとの関連を明らかにした。スマートフォンなどのデジタルデバイスに対する強迫性パッションによって，そのデバイスへの依存が強まりやすくなることが示唆された。第2に，認知に関する研究から，強迫性パッションが心理的不適応に影響を及ぼす過程には，活動において生じる否定的自動思考を多く経験していることが一要因となっている可能性が示された。これらの研究結果は，強迫性パッションが心理的不適応にどのように寄与するかを理解する上で重要である。強迫性パッションは，活動に対する執着が過度になり，それが依存や否定的な認知を引き起こすことによって，心理的不適応を招くリスクを高める。このように，臨床的介入や予防策の設計において，強迫性パッションに対する対策が重要であると考えられる。

(4) パッションに対する心理的援助への示唆

パッションは一定の時間的安定性を備えており（Vallerand, 2010），パッシ

ョンに対する心理的援助を行う際には，短期的にパッションの影響を緩和する視点と，長期的にパッションを変容する視点が必要である。そこで本研究では，認知に着目した研究と基本的心理欲求に着目した研究を通じて，この2つの視点を検討した。

　まず，認知に対するアプローチとして，パッションが活動における自動思考を介して心理的適応と不適応に影響を与えることが示された。臨床操作も行いやすい変数とされる自動思考（坂野，1992）に対する介入は，認知行動療法などで様々に実践されている。例えば，活動中に生じる思考について認知再構成法や心理教育を行うことで，心理的不適応への影響を緩和することができると考えられる。具体的には，活動中に生じる否定的自動思考をポジティブなものに再構成する訓練や，活動に対して適切な期待や目標を持つように指導することで，個人の心理的健康を向上させることが考えられる。

　次に，基本的心理欲求に対するアプローチとして，活動外の欲求充足を高めることと，活動内外の欲求不満を解消することが，調和性パッションを促進し，強迫性パッションを抑制するために必要なアプローチである。そのためには，援助対象者に普段どういったところで欲求が充足できているか確認することと，欲求不満があるのかどうか確認することが重要である。個人の基本的心理欲求が満たされる活動を，パッションを向ける活動以外でも探し，さらにパッションを向ける活動における欲求不満を解消することで，心理的適応が促され，心理的不適応が抑制されると考えられる。具体的には，例えば自律性，関係性，有能感といった基本的心理欲求がどのように充足されているかを評価し，それに基づいた個別の介入を行うことが有効である。また，パッションを向ける活動以外の生活領域においても，これらの欲求を満たす機会を提供することが重要である。例えば，趣味や人間関係を通じて自律性や関係性の欲求を高める活動を推奨することができる。以上のように，パッションに対する心理的援助は，認知的アプローチと欲求充足に基づくアプローチの両面から行うことで，より効果的な支援が可能となる。この2つのア

プローチを統合することで，個人の心理的適応を最大限に促進し，心理的不適応を効果的に抑制することが期待される。

第3節　本研究の限界と今後の展開

　本研究の限界と今後の課題として，第1に心理的援助の効果に関する問題について，第2に二元モデル以外でのパッションの捉え方の問題について，第3にパッションを持たない者の問題について，第4にサンプリングの課題について，第5に個人の特性に関する検討が行われていない問題について，取り上げる。

(1)心理的援助の効果に関する課題

　これまで，調和性パッションが心理的適応と関連し，強迫性パッションが心理的不適応に関連するという知見が積み重ねられてきた。本研究の一部も，その知見をより強固にするための，先行研究の課題に基づく実証的な研究であった。しかし，心理的適応を促す調和性パッションを促進し，心理的不適応を促す強迫性パッションを抑制するような具体的な心理的援助の方法は提案されてこなかった。本研究では，実際の心理的援助の効果を検証する実験は行われなかったが，いくつかの心理的援助の方法が第6章第1節で示唆された。これらの心理的援助の方法が，果たして実際に調和性パッションを促進し，強迫性パッションを抑制する結果となるのかについては，実際に検討していく必要がある。さらには，強迫性パッションが依存を高めるという研究2の結果を踏まえて，依存的に活動へ没頭している人に対し，パッションに対する心理的援助をすることで依存を抑制するなどの効果が認められるのかということも検討する余地があるだろう。

　また，調和性パッションと強迫性パッションのどちらか一方のみが高いという状態が適応的ではないことから，調和性パッションと強迫性パッション

の高さのバランスについて検討することも重要であると考えられる。調和性パッションと強迫性パッションのバランスという点について，Schellenberg, Verner-Filion, Gaudreau, Bailis, Lafrenière, & Vallerand（2019）では，調和性パッションと強迫性パッションがともに高い群，調和性パッションのみが高い群，強迫性パッションのみが高い群，調和性パッションと強迫性パッションがともに低い群について比較検討している。

　なお，Schellenberg et al.（2019）では，心理的側面と身体的側面に関する検討のみを行ったため，総合的にみて，どのようなパッションのバランスが適応的であるのか明らかにする必要がある。先述したように，例えば，パフォーマンスが十分でなければ，仕事などの領域では適応的であるとはいえないだろう。こうした検討を重ねていくことで，調和性パッションを高め，また場合によっては強迫性パッションを高めることが，心理的適応においても重要となる可能性がある。こうした知見が蓄積されることによって，より適切なパッションに対する心理的援助が可能になると考える。

（2）二元モデル以外でのパッションの捉え方の課題

　本研究ではパッションの二元モデルに基づき検討を行ったが，今後パッションをどのように捉えていくかについては課題が残る。第1章で述べたように，パッションは感情と深く関連していることから，感情として位置づけることもありうるだろう。また，パッションの二元モデルでは，パッションの違いが活動における適応と不適応を分けるものと仮定されているが，先述したようにどちらか一方のパッションのみが高い状態というのは，パフォーマンスなどを含めて総合的に適応状態を測定した場合には，必ずしもパッションによって適応と不適応が二分されない可能性も，先行研究と本研究の結果から示唆されている。そこで，二元モデル以外のパッションの捉え方も必要であると考えられる。

　パッションの捉え方として，パッションがどのような要素によって形成さ

れるものであるかより詳細に検討することも必要であろう。例えば，本研究ではパッション尺度日本語版のパッション基準によってパッションが生じているかどうかを測定するが，パッションに対してどのような意味づけを行っているかなど，そうした質的な部分については本研究では触れていない。今後は，そういったパッションを向ける活動に対してどのような意味づけや価値を見出しているのか，より詳細な検討が必要であると考える。

（3）パッションを持たない者についての課題

本研究では，パッションを持つ者を分析対象とするため，パッション基準によって分析対象から除外されたパッションを持たない者の特徴については触れていなかった。Philippe et al. (2009) によると，調和性パッションが高い群，強迫性パッションが高い群，パッションをもたない群の人生満足度と心理的 well-being を比較したところ，調和性パッションが高い群はほかの群に比べて有意に高く，ほかの群間に有意さはなかったという (Philippe et al., 2009)。この結果から考えるに，パッションをもたない群は，強迫性パッションをもたない群と同じくらい，心理的不適応であるされている。今後は，パッションをもてないほど，何かに対して意欲がない状態なのか，またはそういった性格特性であるのかなど，パッションをもてないことに対する検討をおこなっていく必要がある。

（4）サンプリングの課題

本研究では，主に大学生を調査対象として研究を行ったが，パッションは大学生をはじめ，生涯にわたり持ち続けられるものであるとされているため，今後は，様々な年齢を対象とした調査も必要だろう。Rousseau & Vallerand (2008) では，52歳から80歳を対象とした調査を行い，パッションが主観的 well-being に影響を与えることを明らかにしている。また，Mageau et al. (2009) では，高校生に対するパッションの研究を行っており，高校生でも

活動にパッションを持つようになることを示している。このように，パッションは様々な発達の段階で生じ，継続して影響を与えるものと考えられるが，発達段階ごとのパッションが与える影響の違いについては本研究では触れていない。パッションはアイデンティティを1要素としていることからも，発達の段階やパッションを向けた活動に従事してきた時間なども，パッションの形成に関わってくるものと考えられる。無論，パッションを向ける活動の種類によっても，異なる影響が本研究でも見られたため，活動の種類を統制した上で，発達の段階を考慮した検討が必要になってくると考えられる。

(5)特性に関する課題

パッションの形成に関して，本研究では基本的心理欲求に着目した研究を行ったが，性格などの特性については取り扱っていなかった。これまで，様々な特性が調和性パッションと強迫性パッションの形成に影響していることが報告されている，例えば，ビック・ファイブ・パーソナリティ特性（Balon et al, 2013; Dalpé, Demers, Verner-Filion, & Vallerand, 2019）や完全主義傾向（Curran, Hill, Jowett, & Mallinson-Howard, 2014），実行機能や不注意傾向（Bridekirk, Turcotte, & Oddson, 2016）などである。そのほか，自閉症スペクトラム障害などの発達障害で見られるこだわりなどの傾向は，活動に没入してしまうという点で強迫性パッションに共通する部分があり，今後，こういった特性とパッションとの関連を明らかにする必要があるだろう。どのような人が，調和性パッションや強迫性パッションを持ちやすいのか明らかにすることは，パッションに対する心理的援助を行うためにも必要なことである。

引 用 文 献

Ahorsu, D. K., Imani, V., Lin, C. Y., Timpka, T., Broström, A., Updegraff, J. A., ... & Pakpour, A. H. (2020). Associations between fear of COVID-19, mental health, and preventive behaviours across pregnant women and husbands: An actor-partner interdependence modelling. *International Journal of Mental Health and Addiction, 20,* 68-82.

Ahorsu, D. K., Lin, C. Y., Imani, V., Saffari, M., Griffiths, M. D., & Pakpour, A. H. (2020). The fear of COVID-19 scale: Development and initial validation. *International Journal of Mental Health and Addiction, 20,* 1537-1545.

Algoe, S. B., Haidt, J., & Gable, S. L. (2008). Beyond reciprocity: Gratitude and relationships in everyday life. *Emotion, 8,* 425-429.

Allen, J. J., & Anderson, C. A. (2018). Satisfaction and frustration of basic psychological needs in the real world and in video games predict internet gaming disorder scores and well-being. *Computers in Human Behavior, 84,* 220-229.

Amiot, C. E., Vallerand, R. J., & Blanchard, C. M. (2006). Passion and psychological adjustment: A test of the person-environment fit hypothesis. *Personality and Social Psychology Bulletin, 32,* 220-229.

Balon, S., Lecoq, J., & Rimé, B. (2013). Passion and personality: Is passionate behaviour a function of personality? *European Review of Applied Psychology, 63* (1), 59-65.

Bartholomew, K. J., Ntoumanis, N., Ryan, R. M., Bosch, J. A., & Thøgersen-Ntoumani, C. (2011). Self-determination theory and diminished functioning: The role of interpersonal control and psychological need thwarting. *Personality and Social Psychology Bulletin, 37,* 1459-1473.

Beck, A. T. (1976). *Cognitive therapy and the emotional disorders.* International University Press. （ベック，A. T. 大野裕（訳）（1990）認知療法――精神療法の新しい発展―― 岩崎学術出版社）

Bert, F., Giacometti, M., Gualano, M. R., & Siliquini, R. (2014). Smartphones and health promotion: a review of the evidence. *Journal of Medical Systems, 38,* 9995.

Birkeland, I. K., & Buch, R. (2015). The dualistic model of passion for work: Discriminate and predictive validity with work engagement and workaholism. *Motivation and Emotion, 39*, 392-408.

Bornstein, R. F. (1992). The dependent personality: developmental, social, and clinical perspectives. *Psychological bulletin, 112*, 3-23.

Brenning, K., Soenens, B., Mabbe, E., & Vansteenkiste, M. (2019). Ups and downs in the joy of motherhood: Maternal well-being as a function of psychological needs, personality, and infant temperament. *Journal of Happiness Studies, 20*, 229-250.

Bridekirk, J., Turcotte, J., & Oddson, B. (2016). Harmonious passions support cognitive resources. *Motivation and Emotion, 40*, 646-654.

Buecker, S., Simacek, T., Ingwersen, B., Terwiel, S., & Simonsmeier, B. A. (2021). Physical activity and subjective well-being in healthy individuals: a meta-analytic review. *Health Psychology Review, 15*, 574-592.

Burke, R. J., Astakhova, M. N., & Hang, H. (2015). Work passion through the lens of culture: Harmonious work passion, obsessive work passion, and work outcomes in Russia and China. *Journal of Business and Psychology, 30*, 457-471.

Bélanger, J. J., Pierro, A., Kruglanski, A. W., Vallerand, R. J., De Carlo, N., & Falco, A. (2015). On feeling good at work: The role of regulatory mode and passion in psychological adjustment. *Journal of Applied Social Psychology, 45*, 319-329.

Carbonneau, N., Vallerand, R. J., & Massicotte, S. (2010). Is the practice of yoga associated with positive outcomes? The role of passion. *Journal of Positive Psychology, 5*, 452-465.

Carbonneau, N., Vallerand, R. J., Fernet, C., & Guay, F. (2008). The role of passion for teaching in intrapersonal and interpersonal outcomes. *Journal of Educational Psychology, 100*, 977-987.

Carpentier, J., Mageau, G. A., & Vallerand, R. J. (2012). Ruminations and flow: Why do people with a more harmonious passion experience higher well-being? *Journal of Happiness Studies, 13*, 501-518.

Cha, S. S., & Seo, B. K. (2018). Smartphone use and smartphone addiction in middle school students in Korea: Prevalence, social networking service, and game use. *Health Psychology Open, 5*, 2055102918755046.

Chamarro, A., Penelo, E., Fornieles, A., Oberst, U., Vallerand, R. J., & Fernández-

Castro, J. (2015). Psychometric properties of the Spanish version of the Passion Scale. *Psicothema, 27*(4), 402-409.

Chang, A. M., Aeschbach, D., Duffy, J. F., & Czeisler, C. A. (2015). Evening use of light-emitting eReaders negatively affects sleep, circadian timing, and next-morning alertness. *Proceedings of the National Academy of Sciences, 112*, 1232-1237.

Charlton, J. P., & Danforth, I. D. (2007). Distinguishing addiction and high engagement in the context of online game playing. *Computers in Human Behavior, 23*, 1531-1548.

Chen, B., Vansteenkiste, M., Beyers, W., Boone, L., Deci, E. L., Van der Kaap-Deeder, J., Duriez, B., Lens, W., Matos, L., Mouratidis, A., Ryan, R. M., Sheldon, K. M., Soenens, B., Van Petegem, S., & Verstuyf, J. (2015). Basic psychological need satisfaction, need frustration, and need strength across four cultures. *Motivation and Emotion, 39*, 216-236.

Chen, Y., Mark, G., & Ali, S. (2016). Promoting positive affect through smartphone photography. *Psychology of Well-being, 6*, 11-16.

Cramer, H., Lauche, R., Anheyer, D., Pilkington, K., de Manincor, M., Dobos, G., & Ward, L. (2018). Yoga for anxiety: A systematic review and meta-analysis of randomized controlled trials. *Depression and Anxiety, 35*, 830-843.

Csikszentmihalyi, M. (1978). Intrinsic rewards and emergent motivation. In M. R. Lepper, & D. Greene. (Eds.), *The Hidden Costs of Reward: New Perspectives on the Psychology of Human Motivation*, (pp. 205-216). New York: Halsted Press.

Curran, T., Hill, A. P., Appleton, P. R., Vallerand, R. J., & Standage, M. (2015). The psychology of passion: A meta-analytical review of a decade of research on intrapersonal outcomes. *Motivation and Emotion, 39*, 631-655.

Curran, T., Hill, A. P., Jowett, G. E., & Mallinson-Howard, S. H. (2014). The relationship between multidimensional perfectionism and passion in junior athletes. *International Journal of Sport Psychology, 45*, 369-384.

Dalpé, J., Demers, M., Verner-Filion, J., & Vallerand, R. J. (2019). From personality to passion: The role of the Big Five factors. *Personality and Individual Differences, 138*, 280-285.

Deci, E. L. (1971). Effects of externally mediated rewards on intrinsic motivation.

Journal of Personality and Social Psychology, 18, 105-115.
Deci, E. L. (1975). *Intrinsic motivation*. New York: Plenum. (デシ, E. L. 安藤延男・石田梅男 (訳) (1980). 内発的動機づけ・実験社会心理学的アプローチ 誠信書房)
Deci, E. L., & Ryan, R. M. (1994). Promoting self-determined education. *Scandinavian journal of educational research, 38*, 3-14.
Deci, E. L., & Ryan, R. M. (2000). The "what" and "why" of goal pursuits: Human needs and the self-determination of behavior. *Psychological Inquiry, 11*, 227-268.
Diener, E., Emmons, R. A., Larsen, R. J., & Griffin, S. (1985). The satisfaction with life scale. *Journal of personality assessment, 49*, 71-75.
Diener, E., Suh, E. M., Lucas, R. E., & Smith, H. L. (1999). Subjective well-being: Three decades of progress. *Psychological bulletin, 125*, 276-302.
土井由利子・簑輪眞澄・内山真・大川匡子 (1998). ピッツバーグ睡眠質問票日本語版の作成 精神科治療学, *13*, 755-763.
Duckworth, A. L., Peterson, C., Matthews, M. D., & Kelly, D. R. (2007). Grit: perseverance and passion for long-term goals. *Journal of Personality and Social Psychology, 92*, 1087-1101.
Erikson, E.H. (1968). *Identity: Youth and crisis*. New York: Norton. (エリクソン, E.H. 岩瀬庸理 (訳) (1982). アイデンティティ 金沢文庫)
Ezoe, S., Iida, T., Inoue, K., & Toda, M. (2016). Development of Japanese version of smartphone dependence scale. *Open Journal of Preventive Medicine, 6*, 179-185.
Fitzpatrick, K. M., Harris, C., & Drawve, G. (2020). Fear of COVID-19 and the mental health consequences in America. *Psychological Trauma: Theory, Research, Practice and Policy, 12* (Suppl. 1), S17-S21.
Forest, J., Mageau, G. A., Crevier-Braud, L., Bergeron, É., Dubreuil, P., & Lavigne, G. L. (2012). Harmonious passion as an explanation of the relation between signature strengths' use and well-being at work: Test of an intervention program. *Human Relations, 65*, 1233-1252.
Forest, J., Mageau, G. A., Sarrazin, C., & Morin, E. M. (2011). 'Work is my passion': The different affective, behavioral, and cognitive consequences of harmonious and obsessive passion toward work. *Canadian Journal of Administrative Sciences / revue Canadienne des sciences de l'administration, 28*(1), 27-40.

Frijda, N. H., Mesquita, B., Sonnemans, J., & Van Goozen, S. (1991). The duration of affective phenomena or: emotions, sentiments and passions. In K. T. Strongman (Ed.), *International review of studies on emotion* (pp. 187-225). Chichester: John Wiley & Sons.

Froh, J. J., Sefick, W. J., & Emmons, R. A. (2008). Counting blessings in early adolescents: An experimental study of gratitude and subjective well-being. *Journal of School Psychology, 46*, 213-233.

Gonçalves, G., Ramos, A. O., Ferrão, M. C., & Parreira, T. (2014). Adaptation and initial validation of the Passion Scale in a Portuguese sample. *Psychological Writings, 7*, 19-27.

Griffiths, M. D., Van Rooij, A. J., Kardefelt-Winther, D., Starcevic, V., Király, O., Pallesen, S., Müller, K., Dreier, M., Carras, M., Prause, N., King, D. L., Aboujaoude, E., Kuss, D. J., Pontes, H. M., Lopez Fernandez, O., Nagygyorgy, K., Achab, S., Billieux, J., Quandt, T., Carbonell, X., Ferguson, C. J., Hoff, R. A., Derevensky, J., Haagsma, M. C., Delfabbro, P., Coulson, M., Hussain, Z., & Demetrovics, Z. (2016). Working towards an international consensus on criteria for assessing Internet gaming disorder: A critical commentary on Petry et al. (2014). *Addiction, 111*, 167-175.

Hatori, K., Ishimura, I., Ichimura, S., Koganei, K. (2013). Passion among Japanese College Students: Development of the Japanese Version of the Passion Scale. *Proceedings of Global Symposium on Social Sciences, 4*, 471-480.

林潔・瀧本孝雄 (1991). Beck Depression Inventory (1978年版) の検討と Depression と Self-efficacy との関連についての一考察 (人文・社会科学篇) 白梅学園短期大学紀要, *27*, 43-52.

樋口匡貴 (2000). 恥の構造に関する研究 社会心理学研究, *16*, 103-113.

Hitlin, S. (2003). Values as the core of personal identity: Drawing links between two theories of self.. *Social Psychology Quarterly, 66*, 118-137.

Hodgins, H. S., & Knee, C. R. (2002). The integrating self and conscious experience. In E. L. Deci & R. M. Ryan (Eds.), *Handbook of Self-Determination Research*. (pp. 87-100). Rochester, NY: University of Rochester Press.

Houlfort, N., Fernet, C., Vallerand, R. J., Laframboise, A., Guay, F., & Koestner, R. (2015). The role of passion for work and need satisfaction in psychological adjustment to retirement. *Journal of Vocational Behavior, 88*, 84-94.

Huppert, F. A. (2014). The state of wellbeing science: Concepts, measures, interventions, and policies. In F. A. Huppert & C. L. Cooper (Eds.), *Wellbeing: A complete reference guide: Interventions and policies to enhance wellbeing* (pp. 1-50). Oxford: Wiley Blackwell.

Ingram, R. E., Slater, M. A., Atkinson, J. H., & Scott, W. (1990). Positive automatic cognition in major affective disorder. *A Journal of Consulting and Clinical Psychology, 2*, 209-211.

石村郁夫（2014）．フロー体験の促進要因と肯定的機能に関する心理学的研究　風間書房

伊藤正哉・小玉正博（2005）．自分らしくある感覚（本来感）と自尊感情が well-being に及ぼす影響の検討　教育心理学研究, *53*, 74-85.

伊藤正哉・小玉正博（2006）．大学生の主体的な自己形成を支える自己感情の検討　本来感，自尊感情ならびにその随伴性に注目して　教育心理学研究, *54*, 222-232.

岩野卓・新川広樹・青木俊太郎・門田龍乃輔・堀内聡・坂野雄二（2015）．心理的ウェルビーイング尺度短縮版の開発　行動科学, *54*, 9-21.

JASP Team (2023). JASP (Version 0.17.2.1) [Computer software].

Johnson, B. K., Eden, A., Reinecke, L., & Hartmann, T. (2021). Self-control and need satisfaction in primetime: Television, social media, and friends can enhance regulatory resources via perceived autonomy and competence. *Psychology of Popular Media, 10*, 212-222.

Khattak, S. R., Saeed, I., Rehman, S. U., & Fayaz, M. (2020). Impact of fear of COVID-19 pandemic on the mental health of nurses in Pakistan. *Journal of Loss and Trauma, 26*, 1-15.

King, L. A. (2001). The health benefits of writing about life goals. *Personality and Social Psychology Bulletin, 27*, 798-807.

Kline, R. B. (2011). *Methodology in the Social Sciences. Principles and practice of structural equation modeling (3 rd Ed.).* New York: Guilford Press.

Kneer, J., & Rieger, D. (2015). Problematic game play: The diagnostic value of playing motives, passion, and playing time in men. *Behavioral Sciences, 5*, 203-213.

Koestner, R., & Losier, G. F. (2002). Distinguishing three ways of being highly motivated: A closer look at introjection, identification, and intrinsic motivation. In E. L. Deci & R. M. Ryan (Eds.), *Handbook of self-determination research* (pp. 101-121). Rochester, NY: University of Rochester Press.

Kubo, T., Sugawara, D., & Masuyama, A. (2021). The effect of ego-resiliency and COVID-19-related stress on mental health among the Japanese population. *Personality and Individual Differences, 175*, 110702.

Kwon, M., Kim, D. J., Cho, H., & Yang, S. (2013). The smartphone addiction scale: Development and validation of a short version for adolescents. *PLOS ONE, 8*, e83558. https://journals.plos.org/plosone/article?id=10.1371/journal.pone.0083558.

Lafrenière, M. A. K., Vallerand, R. J., Donahue, E. G., & Lavigne, G. L. (2009). On the costs and benefits of gaming: The role of passion. *Cyber Psychology & Behavior, 12*, 285-290.

Lalande, D., Vallerand, R. J., Lafrenière, M. A. K., Verner-Filion, J., Laurent, F. A., Forest, J., & Paquet, Y. (2017). Obsessive passion: A compensatory response to unsatisfied needs. *Journal of Personality, 85*, 163-178.

Lightsey, O. R. (1994). "Thinking positive" as a stress buffer: The role of positive automatic cognitions in depression and happiness. *Journal of Counseling Psychology, 41*, 325-334.

Little, T. D., Cunningham, W. A., Shahar, G., & Widaman, K. F. (2002). To parcel or not to parcel: Exploring the question, weighing the merits. *Structural Equation Modeling, 9*, 151-173. https://doi.org/10.1207/s15328007sem0902_1

Lopes, M., & Vallerand, R. J. (2020). The role of passion, need satisfaction, and conflict in athletes' perceptions of burnout. *Psychology of Sport and Exercise, 48*, 101674.

Lovibond, S. H., & Lovibond, P. F. (1995). *Manual for the depression anxiety stress scales (2nd Ed.).* Sydney: Psychology Foundation.

Lyubomirsky, S., Sheldon, K. M., & Schkade, D. (2005). Pursuing happiness: The architecture of sustainable change. *Review of general psychology, 9*, 111-131.

Mageau, G. A., Vallerand, R. J., Charest, J., Salvy, S. J., Lacaille, N., Bouffard, T., & Koestner, R. (2009). On the development of harmonious and obsessive passion: The role of autonomy support, activity specialization, and identification with the activity. *Journal of Personality, 77*(3), 601-646.

Mageau, G. A., Vallerand, R. J., Rousseau, F. L., Ratelle, C. F., & Provencher, P. J. (2005). Passion and gambling: Investigating the divergent affective and cognitive consequences of gambling. *Journal of Applied Social Psychology, 35*, 100-118.

Marsh, H. W., Vallerand, R. J., Lafrenière, M.-A. K., Parker, P., Morin, A. J. S., Carbonneau, N., Jowett, S., Bureau, J. S., Fernet, C., Guay, F., Salah Abduljabbar, A., & Paquet, Y. (2013). Passion: Does one scale fit all? Construct validity of two-factor passion scale and psychometric invariance over different activities and languages. *Psychological Assessment, 25,* 796-809.

Masuyama, A., Shinkawa, H., & Kubo, T. (2020). Validation and psychometric properties of the Japanese version of the fear of COVID-19 scale among adolescents. *International Journal of Mental Health and Addiction, 20,* 387-397.

松村明（2006）．大辞林　第3版．三省堂

Mills, D. J., Milyavskaya, M., Heath, N. L., & Derevensky, J. L. (2018a). Gaming motivation and problematic video gaming: The role of needs frustration. *European Journal of Social Psychology, 48,* 551-559.

Mills, D. J., Milyavskaya, M., Mettler, J., Heath, N. L., & Derevensky, J. L. (2018b). How do passion for video games and needs frustration explain time spent gaming?. *British Journal of Social Psychology, 57,* 461-481.

Miquelon, P., & Vallerand, R. J. (2008). Goal motives, well-being, and physical health: An integrative model. *Canadian Psychology, 49,* 241-249.

永井智・新井邦二郎（2007）．中学生における相談行動の規定因－修正版グラウンデッド・セオリー・アプローチによる検討－．学校心理学研究, 7, 35-45.

Naydanova, E., & Beal, B. D. (2016). Harmonious and obsessive Internet passion, competence, and self-worth: A study of high school students in the United States and Russia. *Computers in Human Behavior, 64,* 88-93.

Nishimura, T., & Suzuki, T. (2016). Basic psychological need satisfaction and frustration in Japan: controlling for the big five personality traits. *Japanese Psychological Research, 58,* 320-331.

西川大志・松永美希・古谷嘉一郎（2013）．反すうが自動思考と抑うつに与える影響　心理学研究, 84, 451-457.

大石繁宏（2009）．幸せを科学する――心理学からわかったこと――　新曜社

Pan, J. Y., Ye, S., & Ng, P. (2016). Validation of the automatic thoughts questionnaire (ATQ) among mainland Chinese students in Hong Kong. *Journal of Clinical Psychology, 72,* 38-48.

Paradis, K. F., Cooke, L. M., Martin, L. J., & Hall, C. R. (2013). Too much of a good thing? Examining the relationship between passion for exercise and exercise dependence. *Psychology of Sport and Exercise, 14*, 493-500.

Park, C., & Park, Y. R. (2014). The conceptual model on smart phone addiction among early childhood. *International Journal of Social Science and Humanity, 4*, 147-150.

Partington, S., Partington, E., & Olivier, S. (2009). The dark side of flow: A qualitative study of dependence in big wave surfing. *Sport Psychologis, 23*, 170-185.

Peterson, C., & Seligman, M. E. (2004). *Character strengths and virtues: A handbook and classification*. USA: Oxford University Press.

Philippe, F. L., Vallerand, R. J., & Lavigne, G. L. (2009). Passion does make a difference in people's lives: A look at well-being in passionate and non-passionate individuals. *Applied Psychology: Health and Well-Being, 1*, 3-22.

Ratelle, C. F., Carbonneau, N., Vallerand, R. J., & Mageau, G. (2013). Passion in the romantic sphere: A look at relational outcomes. *Motivation and Emotion, 37*, 106-120.

Ratelle, C. F., Vallerand, R. J., Mageau, G. A., Rousseau, F. L., & Provencher, P. (2004). When passion leads to problematic outcomes: A look at gambling. *Journal of Gambling Studies, 20*, 105-119.

Rice, E. L., & Fredrickson, B. L. (2017). Of passions and positive spontaneous thoughts. *Cognitive Therapy and Research, 41*, 350-361.

Rip, B., Fortin, S., & Vallerand, R. J. (2006). The relationship between passion and injury in dance students. *Journal of Dance Medicine & Science, 10*, 14-20.

Rousseau, F. L. & Vallerand, R. J. (2008). An examination of the relationship between passion and subjective well-being in older adults. *The International Journal of Aging & Human Development, 66*, 195-211.

Rousseau, F. L., Vallerand, R. J., Ratelle, C. F., Mageau, G. A., & Provencher, P. J. (2002). Passion and gambling: On the validation of the Gambling Passion Scale (GPS). *Journal of Gambling Studies, 18*, 45-66.

Ryan, R. M., & Deci, E. L. (2000). Intrinsic and extrinsic motivations: Classic definitions and new directions. *Contemporary Educational Psychology, 25*, 54-67.

Ryan, R. M., & Deci, E. L. (2000). Self-determination theory and the facilitation of intrinsic motivation, social development, and well-being. *American Psychologist, 55*, 68-78.

Ryan, R. M., & Deci, E. L. (2001). On happiness and human potentials: A review of research on hedonic and eudaimonic well-being. *Annual Review of Psychology, 52,* 141-166.

Ryff, C. D. (1989). Happiness is everything, or is it? Explorations on the meaning of psychological well-being. *Journal of Personality and Social Psychology, 57,* 1069-1081.

Salkovskis, P. (1985). Obsessional-compulsive problems: a cognitive-behavioural analysis. *Behaviour Research and Therapy, 23* 5, 571-83.

坂野雄二 (1992). 認知行動療法の発展と今後の課題 ヒューマン・サイエンス・リサーチ, *1,* 87-107.

佐藤徳・安田朝子 (2001). 日本語版 PANAS の作成 性格心理学研究, *9,* 138-139.

Schellenberg, B. J., Bailis, D. S., & Mosewich, A. D. (2016). You have passion, but do you have self-compassion? Harmonious passion, obsessive passion, and responses to passion-related failure. *Personality and Individual Differences, 99,* 278-285.

Seligman, M. E. P., & Csikszentmihalyi, M. (2000). Positive psychology: An introduction. *American Psychologist, 55,* 5-14.

Sheldon, K. M. (2002). The self-concordance model of healthy goal striving: When personal goals correctly represent the person. In E. L. Deci & R. M. Ryan (Eds.), *Handbook of self-determination research* (pp. 65-86). Rochester, NY: The University of Rochester Press.

島悟・鹿野達男・北村俊則・浅井昌弘 (1985). 新しい抑うつ性自己評価尺度について 精神医学, *27,* 717-723.

清水秀美・今栄国晴 (1981). STATE-TRAIT ANXIETY INVENTORY の日本語版 (大学生用) の作成 教育心理学研究, *29,* 348-353.

白石智子・相馬花恵・島津直実 (2016). ネガティブ状況下における否定的自動思考 ―その内容と生起頻度が抑うつに与える影響― 宇都宮大学教育学部研究紀要, *66,* 3-12.

総務省 (2018). 平成30年版通信利用動向調査 Retrieved from http://www.soumu.go.jp/main_content/000622147.pdf (2019年9月18日)

Stenseng, F., & Phelps, J. (2013). Leisure and life satisfaction: the role of passion and life domain outcomes. *World Leisure Journal, 55,* 320-332.

Stenseng, F., Rise, J., & Kraft, P. (2011). The dark side of leisure: obsessive passion and its covariates and outcomes. *Leisure Studies, 30,* 49-62.

Stoeber, J., Harvey, M., Ward, J. A., & Childs, J. H. (2011). Passion, craving, and affect in online gaming: Predicting how gamers feel when playing and when prevented from playing. *Personality and Individual Differences, 51*, 991-995.

Sugawara, D., Masuyama, A., Kubo, T., Gu, Y., Jin, T. Y., Shah, R. I. A. B. R. R., & Chishima, Y. (2020). RE-COVER: REsilience for COVid-19 in each region. (Data set_RECOVER) [Data set]. Open Society Foundations.

Suh, E., Diener, E., Oishi, S., & Triandis, H. C. (1998). The shifting basis of life satisfaction judgments across cultures: Emotions versus norms. *Journal of Personality and Social Psychology, 74*, 482-493.

Szabo, A., Griffiths, M. D., de La Vega Marcos, R., Mervó, B., & Demetrovics, Z. (2015). Methodological and Conceptual Limitations in Exercise Addiction Research. *The Yale Journal of Biology and Medicine, 88*, 303-308.

Tabachnick, B. G., & Fidell, L. S. (2007). *Using multivariate statistics* (5th Ed.). Boston, MA: Allyn & Bacon/Pearson Education.

高比良美詠子・安藤玲子・坂元章 (2006). 縦断調査による因果関係の推定──インターネット使用と攻撃性の関係 パーソナリティ研究, *15*, 87-102.

寺崎正治・岸本陽一・古賀愛人 (1992). 多面的感情状態尺度の作成 心理学研究, *62*, 350-356.

豊田秀樹 (2007). 共分散構造分析 [Amos編]—構造方程式モデリング— 東京図書

Tuominen-Soini, H., Salmela-Aro, K., & Niemivirta, M. (2012). Achievement goal orientations and academic well-being across the transition to upper secondary education. *Learning and Individual Differences, 22*, 290-305.

Tóth-Király, I., Bőthe, B., Márki, A. N., Rigó, A., & Orosz, G. (2019). Two sides of the same coin: The differentiating role of need satisfaction and frustration in passion for screen-based activities. *European Journal of Social Psychology, 49* (6), 1190-1205.

Vallerand, R. J., & Houlfort, N. (2003). Passion at work: Toward a new conceptualization. In S. W. Gilliland, D.D. Steiner, & D. P. Skarlicki (Eds), *Emerging Perspectives on Values in Organizations* (pp. 175-204). Greenwich, CT:Information Age Publishing.

Vallerand, R. J. (1997). Toward a hierarchical model of intrinsic and extrinsic motivation. In M. P. Zanna (Ed.), *Advances in experimental social psychology*, Vol. 29, pp. 271-360). Academic Press.

Vallerand, R. J. (2010). On passion for life activities: The dualistic model of passion. In M. P. Zanna (Ed.), *Advances in experimental social psychology* (Vol. 42, pp. 97-193). New York, NY: Academic Press.

Vallerand, R. J. (2012). The role of passion in sustainable psychological well-being. *Psychology of Well-Being: Theory, Research and Practice, 2*, 1-21.

Vallerand, R. J. (2013). Passion and optimal functioning in society: A eudaimonic perspective. In Waterman, A. S. (Ed.), *The best within us: Positive psychology perspectives on eudaimonia* (pp. 183-206). Washington, DC: American Psychological Association.

Vallerand, R. J. (2015). *The psychology of passion: A dualistic model.* New York: Oxford.

Vallerand, R. J., Blanchard, C., Mageau, G. A., Koestner, R., Ratelle, C., Léonard, M., Gagné, M., & Marsolais, J. (2003). Les passions de l'ame: on obsessive and harmonious passion. *Journal of Personality and Social Psychology, 85*, 756-767.

Vallerand, R. J., Mageau, G. A., Elliot, A. J., Dumais, A., Demers, M. A., & Rousseau, F. (2008a). Passion and performance attainment in sport. *Psychology of Sport and Exercise, 9*, 373-392.

Vallerand, R. J., Ntoumanis, N., Philippe, F. L., Lavigne, G. L., Carbonneau, N., Bonneville, A., … Maliha, G. (2008b). On passion and sports fans: A look at football. *Journal of Sports Sciences, 26*, 1279-1293.

Vallerand, R. J., Rousseau, F. L., Grouzet, F. M., Dumais, A., Grenier, S., Blanchard, C. M. (2006). Passion in sport: A look at determinants and affective experiences. *Journal of Sport and Exercise Psychology, 28*, 454-478.

Vallerand, R. J., Salvy, S.J., Mageau, G. A., Elliot, A. J., Denis, P. L., Grouzet, F. M., & Blanchard, C. (2007). On the role of passion in performance. *Journal of Personality, 75*, 505-534.

VandenBos, G. R. (2007). APA dictionary of psychology. American Psychological Association USA. (ファンデンボス, G. R. 繁桝算男・四本裕子（監訳）(2013). APA心理学大辞典 培風館)

Vansteenkiste, M., & Ryan, R. M. (2013). On psychological growth and vulnerability: basic psychological need satisfaction and need frustration as a unifying principle. *Journal of Psychotherapy Integration, 23*, 263-280.

Vazquez, C. (2017). What does positivity add to psychopathology? An introduction

to the special issue on 'positive emotions and cognitions in clinical psychology'. *Cognitive Therapy and Research, 41*, 325-334.
Verner-Filion, J., Vallerand, R. J., Donahue, E. G., Moreau, E., Martin, A., & Mageau, G. A. (2014). Passion, coping, and anxiety in sport: The interplay between key motivation and self-regulatory processes. *International Journal of Sport Psychology, 45*(6), 516-537.
Wang, C. C., & Chu, Y. S. (2007). Harmonious passion and obsessive passion in playing online games. *Social Behavior and Personality, 35*, 997-1006.
Wood, A. M., & Tarrier, N. (2010). Positive clinical psychology: A new vision and strategy for integrated research and practice. *Clinical Psychology Review, 30*, 819-829.
義田俊之・中村知靖（2007）．抑うつの促進および低減プロセスにおける自動思考の媒介効果　教育心理学研究, 55, 313-324.
Young, K. S. (2015). The evolution of internet addiction disorder. In C. Montag & M. Reuter (Eds.), *Internet Addiction, Studies in Neuroscience, Psychology, and Behavioral Economics* (pp. 3-17). New York: Springer.
Yuan, S., Zhou, X., Zhang, Y., Zhang, H., Pu, J., Yang, L., Liu, L., Jiang, X., & Xie, P. (2018). Comparative efficacy and acceptability of bibliotherapy for depression and anxiety disorders in children and adolescents: A meta-analysis of randomized clinical trials. *Neuropsychiatric Disease and Treatment, 14*, 353-365.
Zhao, Y., St-Louis, A., & Vallerand, R. J. (2015). On the Validation of the Passion Scale in Chinese. *Psychology of Well-Being, 5*, 1-11.
Zito, M., & Colombo, L. (2017). The Italian version of the Passion for Work Scale: First psychometric evaluations. *Journal of Work and Organizational Psychology, 33*, 47-53.

本研究を構成する研究の発表状況

審査論文

久保尊洋・沢宮容子 (2018). パッション尺度日本語版の作成および信頼性・妥当性の検討 心理学研究, *89*, 490-499.

久保尊洋・沢宮容子 (2021). パッションが自動思考を介して人生満足感と抑うつに与える影響. ストレスマネジメント研究, *17*, 89-96.

久保尊洋・沢宮容子 (2021). パッションがスマートフォン依存, 精神的健康, 不眠傾向に与える影響. 学校心理学研究, *20*, 129-137.

久保尊洋・沢宮容子 (2023). 基本的心理欲求の充足と不満, パッション, 人生満足度との関連. ストレスマネジメント研究, *19*, 79-88.

久保尊洋・沢宮容子 (2024). 交差遅延効果モデルによるパッションと well-being との因果関係の検討. 学校カウンセリング研究, *24*, 1-8.

Kubo, T., Sugawara, D., & Masuyama, A. (2022). The effect of passion for activities on fear of COVID-19 and mental health among the Japanese population. *Personality and Individual Differences, 186*, 111358.

資　　料

資料1　パッション尺度日本語版
資料2　研究3のパッションを向けた活動内容の分類
資料3　研究5のパッションを向けた活動内容の分類
資料4　研究6のパッションを向けた活動内容の分類

資料1　パッション尺度日本語版

(1) あなたにとって**重要で，多くの時間を費やす，好きな活動**を下の空欄に記入してください。

　　　　　私の好きな活動は　[　　　　　　　　　]　です。

(2) 下記の問いに対して，空欄に記入してください。

　　(a) その好きな活動はいつから続けていますか？　[　　]　年前から

　　(b) その活動は週に何時間行いますか？　　　　　週に[　　]時間

(3) (1)で記入した好きな活動を思い浮かべながら，以下の文章を読んで，1から7の中から最もあてはまる番号に○をつけて回答してください。

		全くあてはまらない	わずかにあてはまる	ややあてはまる	だいたいあてはまる	ほぼあてはまる	かなりあてはまる	非常によくあてはまる
1	この活動は，私の生活の中の他の活動と調和している	1	2	3	4	5	6	7
2	この活動をしたいという衝動をコントロールすることは難しい	1	2	3	4	5	6	7
3	この活動での新たな発見によって，この活動がより価値のあるものだと思える	1	2	3	4	5	6	7
4	この活動に対して，執着心に近い感覚を持っている	1	2	3	4	5	6	7
5	この活動は，自分の良いところを反映している	1	2	3	4	5	6	7
6	この活動は，多様な経験を可能にさせてくれる	1	2	3	4	5	6	7
7	この活動だけが，私を夢中にさせる唯一のものだ	1	2	3	4	5	6	7
8	この活動は，私の生活の中にうまく組み込まれている	1	2	3	4	5	6	7
9	できることなら，この活動だけをしていたい	1	2	3	4	5	6	7
10	この活動は，私の他の生活の一部分と調和している	1	2	3	4	5	6	7
11	この活動にわくわくしすぎて，時々我を忘れてしまうほどだ	1	2	3	4	5	6	7
12	この活動に支配されているような印象がある	1	2	3	4	5	6	7
13	この活動に多くの時間を費やしている	1	2	3	4	5	6	7
14	この活動が好きだ	1	2	3	4	5	6	7
15	この活動は，私にとって重要である	1	2	3	4	5	6	7
16	この活動は，情熱をかきたてるものである	1	2	3	4	5	6	7
17	この活動は，私らしさの一部分である	1	2	3	4	5	6	7

資料2　研究3のパッションを向けた活動内容の分類

活動内容	%
個人スポーツ（ジョギング，サイクリング，水泳など）	24.1
集団スポーツ（サッカー，バスケットボール，テニスなど）	43.8
受身的余暇（映画を見る，音楽を聴くなど）	11.7
音楽活動をする（ギターを弾く，ピアノを弾くなど）	4.4
読書（読書，漫画を読む，小説を読むなど）	1.5
芸術（絵を描く，写真をとるなど）	2.9
仕事／学業（アルバイト，自分の専門の勉強など）	0.0
対人関係（友達や家族と一緒にいるなど）	5.8
その他（食べること，料理など）	5.8

資料3　研究5のパッションを向けた活動内容の分類

活動内容	%
個人スポーツ（ジョギング，サイクリング，水泳など）	12.0
集団スポーツ（サッカー，バスケットボール，テニスなど）	20.7
受身的余暇（映画を見る，音楽を聴くなど）	40.7
音楽活動をする（ギターを弾く，ピアノを弾くなど）	2.5
読書（読書，漫画を読む，小説を読むなど）	1.7
芸術（絵を描く，写真をとるなど）	5.8
仕事／学業（アルバイト，自分の専門の勉強など）	2.9
対人関係（友達や家族と一緒にいるなど）	7.5
その他（食べること，料理など）	6.2

資料4　研究6のパッションを向けた活動内容の分類

活動内容	%
個人スポーツ（ジョギング，サイクリング，水泳など）	16.1
集団スポーツ（サッカー，バスケットボール，テニスなど）	22.8
受身的余暇（映画を見る，音楽を聴くなど）	18.5
音楽活動をする（ギターを弾く，ピアノを弾くなど）	9.4
読書（読書，漫画を読む，小説を読むなど）	5.9
芸術（絵を描く，写真をとるなど）	6.3
仕事／学業（アルバイト，自分の専門の勉強など）	2.4
対人関係（友達や家族と一緒にいるなど）	3.1
その他（食べること，料理など）	15.4

謝　辞

　本書は令和元年度に筑波大学に提出した博士（心理学）学位論文「パッションの二元モデルに関する臨床心理学的研究」を加筆・修正してまとめたものです。執筆するにあたり，数多くの方にお世話になりました。本書を書き上げることができたのは，皆様の温かいお力添えのおかげです。言葉では語りつくせないほど，感謝の気持ちでいっぱいです。本当にありがとうございました。

　博士論文の主査をお引き受けいただいた筑波大学名誉教授，東京成徳大学教授の沢宮容子先生には，筑波大学大学院博士前期課程の頃よりご指導いただきました。心理学や研究のことが右も左もわからなかった私を，ここまで導いてくださったことに，心から感謝申し上げます。

　博士論文の副査をお引き受けいただいた筑波大学教授の杉江征先生には，筑波大学大学院博士前期課程の頃よりご指導いただきました。杉江先生のご指導のおかげで，自分の中でもパッションという概念が明確になっていき，博士論文として一つの形にすることができたと思います。心より感謝申し上げます。

　博士論文の副査をお引き受けいただいた筑波大学教授の佐藤有耕先生，筑波大学助教の河野禎之先生には，パッションの概念や分析の方法についてのご指摘や，今後の課題や発展性についてご助言いただきました。佐藤先生と河野先生に心より感謝申し上げます。

　本書で新たに加えた研究4は筑波大学准教授の菅原大地先生と愛知教育大学講師の増山晃大先生に多大なご協力をいただきました。菅原先生，増山先生は大学院時代からの先輩であり，卒業後もご縁が続いていること，大変ありがたく思っております。菅原先生と増山先生に心より感謝申し上げます。

そして，調査に協力してくださった皆様に，感謝申し上げます。本書を構成するすべての研究は，調査に協力してくださった皆様一人一人が，時間を割いて協力してくださったおかげで成り立っています。改めて，心より感謝申し上げます。

　なお，本書の刊行は独立行政法人日本学術振興会令和6年度科学研究費助成事業・科学研究費補助金「研究成果公開促進費24HP5131」の交付を受けて実現しました。多大なご協力をいただいた風間敬子氏，宮城祐子氏をはじめ，風間書房の皆様に厚く御礼申し上げます。

　本当にありがとうございました。

令和6年6月28日　久保尊洋

著者略歴

久保　尊洋（くぼ　たかひろ）

博士（心理学），公認心理師，臨床心理士，小学校教諭1種免許
2015年　埼玉大学教育学部教育心理カウンセリング専修卒業
2017年　筑波大学大学院人間総合科学研究科心理専攻博士前期課程修了
2020年　筑波大学大学院人間総合科学研究科ヒューマン・ケア科学専攻
　　　　3年制博士課程修了
同　年　医療創生大学心理相談センター特任准教授
同　年　福島県いわき市教育委員会こころの支援アドバイザー
2021年　筑波大学人間系特任助教
2023年　横浜国立大学教育学部講師

主な著書

「Post-secondary education student mental health: A global perspective」
　　CDS Press（分担執筆）2022年
「Handbook of Positive School Psychology: Evidence-Based Strategies for
　　Youth Well-Being」Springer Cham（分担執筆）2024年
「新版カウンセリング心理学ハンドブック」金子書房（分担執筆）2024年

パッションに関する臨床心理学的研究

2025年1月25日　初版第1刷発行

　　　著　者　　久　保　尊　洋

　　　発行者　　風　間　敬　子

発行所　　株式会社　風　間　書　房

〒101-0051　東京都千代田区神田神保町1-34
電話 03(3291)5729　FAX 03(3291)5757
振替 00110-5-1853

印刷　太平印刷社　　製本　井上製本所

©2025　Takahiro Kubo　　　　　NDC分類：140
ISBN978-4-7599-2525-8　　Printed in Japan
[JCOPY]〈出版者著作権管理機構 委託出版物〉
本書の無断複製は、著作権法上での例外を除き禁じられています。複製される場合は、そのつど事前に出版者著作権管理機構（電話 03-5244-5088、FAX 03-5244-5089、e-mail: info@jcopy.or.jp）の許諾を得て下さい。